Susanne Schwenter-Wolff

Eine halbe Million Schritte

I did (it) my way

Zur Autorin:

Susanne Schwenter-Wolff (Jg. 1960), in Deutschland geboren und aufgewachsen, zog es bereits während und nach ihrem Studium der Angewandten Sprachwissenschaft in Mainz/Germersheim hinaus in die Welt. Zunächst bereiste sie viele Länder als freiberufliche Konferenzdolmetscherin und Reiseleiterin, später lebte sie während fünf Jahren in Katalonien und war in leitender Funktion in einer deutsch-spanischen Automobilzuliefererfirma tätig. Den Wunsch, einen Jakobsweg zu gehen, hegte sie bereits seit 1993, nachdem ein schwerer Schicksalsschlag ihre bis dahin vorwiegend auf Karriere und Erfolg ausgerichtete Lebensplanung nachhaltig erschütterte. Die Pläne änderten sich, der Wunsch blieb, auch, nachdem sie der Liebe wegen 1995 von Spanien in die Schweizer Berge übersiedelte. Dort, im Waadtländer Oberland, züchtet sie mit ihrer Familie Freibergerpferde, begleitet im pferde- und naturgestützten Coaching Menschen in schwierigen Lebenssituationen bei der Suche nach dem eigenen Weg und führt nebenberuflich ihr Übersetzungsbüro.

Einen Jakobsweg zu gehen gehörte ganz oben auf die Liste ihrer persönlichen „Big Five" im Leben, die sie in ihrem 60. Lebensjahr erstellt hat. Nun ist der 2. Pilgerweg in Planung, der Schwabenweg von Konstanz nach Einsiedeln. Und wer weiss, es gibt ja noch viele weitere Jakobswege, die irgendwann alle einmal nach Santiago de Compostela führen...

Susanne Schwenter-Wolff

Eine halbe Million Schritte

I did (it) my way

**Zu Fuss von Porto nach
Santiago de Compostela**

Ein persönlicher Reisebericht über meinen
ersten Jakobsweg im Herbst 2019

Bibliografische Information der Deutschen Nationalbibliothek:
Die Deutsche Nationalbibliothek verzeichnet diese Publikation in der deutschen Nationalbibliografie, detaillierte bibliografische Dateien sind im Internet über dnb.dnb.de abrufbar.

TWENTYSIX- Der Self-Publishing-Verlag
Eine Cooperation zwischen der Verlagsgruppe Random House und BoD – Books on Demand

© 2020 Susanne Schwenter-Wolff

Herstellung und Verlag:
BoD – Books on Demand, Norderstedt

ISBN: 9783740764579

Titelfoto/Fotos im Text: Susanne Schwenter-Wolff
Foto S. 6: Netzfund/Quelle unbekannt

Endlich! Endlich ist es soweit: mein Camino de Santiago, mein persönlicher Jakobsweg, steht unmittelbar bevor!

Fast neun Monate der Vorfreude, Neugierde, Spannung und zumindest hin und wieder auch der läuferischen Vorbereitung liegen hinter mir, seitdem ich am 3. Januar 2019, dem 18. Geburtstag unserer jüngsten Tochter, Hin- und Rückflug nach Porto bzw. Santiago buchte. Ist es nur Zufall, dass der entscheidende Schritt, nämlich die feste Buchung der Flüge, auf den Tag der Volljährigkeit unserer Jüngsten fiel? Beinahe, als hätte ich mir damit versichern wollen, dass sie nun als junge Erwachsene vor dem Gesetz die Verantwortung für sich selbst zu übernehmen hätte und mich als Mama aus meiner offiziellen Zuständigkeit „entlassen" würde, also ich mir ein Stück meiner eigenen Selbständigkeit zurückerobern könnte? Als Mutter fühlt man sich vermutlich niemals ganz aus der Verantwortung, aus der Fürsorge, aus dem Kümmern um die eigenen Kinder entlassen, mögen sie auch noch so alt sein... An Zufälle glaube ich schon lange nicht mehr, also lasse ich diese

Frage einfach einmal so stehen, eine eindeutige Antwort auf diese Überlegung erwarte ich ohnehin nicht.

Mit meinem knapp 8 kg schweren Rucksack, den ich abgeleitet von der schweizerischen Koseform für Jakob liebevoll „Köbi" getauft habe, fährt mich unsere Tochter Julia in ihrem Auto nach Aigle. Hier besteige ich an einem noch kühlen, aber sonnigen Samstagmorgen Ende September den Zug, der mich nach Genf bringen soll. Von dort aus werde ich einen Direktflug nach Porto, dem Ausgangspunkt des Pilgerwegs „Caminho Portugues do Litoral", dem portugiesischen Küstenweg nehmen.

Eine gewisse Nervosität schleicht sich nun doch allmählich bei mir ein, bei mir, der Vielreisenden, der gerne Alleinreisenden, der „ich kann das alleine"- Frau, und es ist ein sehr ungewohntes Gefühl, während ich im fast leeren Zug am Genfer See entlangfahre. Ich als methodische Planerin und in meiner Familie als schon perfektionistisch geltende Organisatorin werde zum ersten Mal im Leben fast ohne Plan, nur mit Ausgangspunkt und Zielort im Kopf, für drei Wochen zu Fuss in einer mir völlig unbekannten Gegend unterwegs sein. Ohne Netz und doppelten Boden, sozusagen. Nur die Unterkünfte für die beiden Nächte in Porto und die letzten drei in Santiago sind vorgebucht, kostenlos stornierbar, sollten sich die Gegebenheiten kurzfristig ändern. Sonst nichts. Nada. Nur einen mir sehr oberflächlich erscheinenden Erfahrungsbericht und einige persönliche Schilderungen in den einschlägigen Facebook-Gruppen habe ich im Vorfeld gelesen, die eine oder andere Frage in diesen Foren gestellt und mich nicht einmal eingehend mit dem einzigen gekauften Reiseführer in meinem Gepäck beschäftigt. Werde ich mich wirklich in diese Planlosigkeit fallenlassen und mich dem stellen können, was mich auf dem Weg erwartet? Schau 'n mer mal... Ich bin jedenfalls sehr gespannt.

Nachdem mein Reisepartner „Köbi", zu dem ich schon jetzt ein fast freundschaftlich-komplizenhaftes Gefühl entwickelt habe wie noch nie bei einem Gepäckstück zuvor, wieso auch?, beim Check-In auf dem Transportband nach hinten in den dunklen Bauch des Gepäckraums verschwunden ist, bringe ich die Sicherheitskontrolle ohne Beanstandung hinter mich (mein Schweizer Taschenmesser ist in Köbis Tiefen sicher verstaut) und gönne mir die Wartezeit in der für Priority-Pass-Inhaber reservierten Lounge. Diesen Priority-Pass kann man heutzutage für einen erschwinglichen monatlichen Betrag kaufen (der allemal geringer ist als der Kauf von

Kaffee/Wasser und einem Sandwich an Schweizer Flughäfen), wenn man nicht die erforderliche Buchungsklasse oder auch eine gewisse Flugmeilenanzahl vorweisen kann und überbrückt so manch lästige Wartezeit und Flugverspätung in einem relativ angenehmen, zumindest sehr ruhigen Umfeld, in dem auch für's leibliche Wohl gesorgt ist. Ich greife nach einem Glas Champagner und prompt handele ich mir damit die ersten Zweifel ein: passt Pilgern zu Champagner? Bevor ich mir eine Antwort darauf geben kann, leere ich dieses Glas und hole mir ein nächstes, dann denkt es sich beschwingter. Ich beschliesse, die mir auf den Tabletts in fester und flüssiger Form angebotenen Köstlichkeiten ohne Gewissensbisse zu geniessen, denn wer weiss, was in den nächsten Tagen und Wochen noch auf mich zukommt. Zudem habe ich ja kein radikales Verzichtsgelübde abgelegt, ich möchte nur pilgern, nicht hungern!

Mit der Anzeigetafel der Abflüge im Blick schweifen meine Gedanken während der 90-minütigen Wartezeit ab...

Die Frage nach dem „pilgern" und was es für mich bedeutet stelle ich mir schon lange. Sehr lange. Nicht erst, seitdem mir im Winter 2019 durch das Büchlein eines amerikanischen Autors der Anstoss dazu gegeben wurde, die persönlichen „Big Five" in meinem Leben zu definieren, sondern ich hatte bereits 1993 die Absicht, nein, das Bedürfnis, einen Pilgerweg zu gehen. Damals hat mich ein Erlebnis in meinem engsten Familienkreis nachhaltig erschüttert und meinem bis dahin ausschliesslich aus Karrieredenken und Erfolgsstreben bestehenden Leben eine einschneidende Wende gegeben. Es hätte mich genauso gut komplett aus der Bahn werfen können, so sehr hat mich der Verlust meiner engsten Vertrauten, meines Seelenzwillings, meiner liebsten Bezugsperson, meiner einzigen Schwester mitgenommen.

In meinem bisherigen Leben hat es sich immer ergeben, dass ich zur richtigen Zeit auf einen richtig guten Freund und Ratgeber gestossen bin: auf DAS richtige Buch im richtigen Moment und so auch im letzten Winter, als mich die „Big Five for Life" von John Strelecky in der ruhigeren Zeit „zwischen den Jahren" zum Nachdenken brachten und ganz spontan das Stichwort „Jakobsweg" vor „ein Buch schreiben" und „Besuch von Machu Picchu" auf den ersten Platz meiner persönlichen Fünferliste schoss!

Der Gedanke elektrisierte mich sofort und bevor mein innerer Schweinehund mit mich allerlei Bedenken und Warnungen davon abbringen konnte, durchstöberte ich sofort die einschlägigen Seiten im Netz und fand sehr bald, was mir zusagte: für Anfänger und ältere, bereits gesundheitlich leicht eingeschränkte Pilger geeignet und flach sollte der Weg sein, nicht zu lang und bitteschön möglichst am Meer entlang führen, um meine zeitlebens wiederkehrende Sehnsucht nach Wasser zu erfüllen, was bei uns in den Bergen ja nun doch nicht der Fall ist und voilà, die Entscheidung fiel schnell: der portugiesische Küstenweg, der *„Camino portugués"* würde mein erster Pilgerweg nach Santiago werden!

Es war eher ein inneres Bedürfnis denn eine Kopfentscheidung, die Flüge sofort zu buchen, wohl, damit mich auch bloss nichts davon abbringen könnte, denn mit knapp 59 Jahren konnte ich es mir nicht erlauben, diesen Wunsch noch einmal um 26 Jahre „auf später" aufzuschieben, denn so viel später gibt es bei realistischer Betrachtung für mich keine Möglichkeit mehr, den Camino noch auf eigenen Füssen zu laufen. Und Laufen war das Stichwort, nicht Bus, nicht Bahn, keine Taxen, nein, wirklich laufen. Zu Fuss, ungefähr 300 km, DAS war mein Anspruch an mich selbst und der fühlte sich richtig und gut an.

Nachdem diese Entscheidung gefallen und dieser Jakobsweg aus einer Vielzahl von Varianten gewählt war, entwickelte ich eine für mich selbst erstaunliche Energie, um mich in sportlicher sprich läuferischer Hinsicht auf diese Herausforderung, immerhin etwa 300 km zu Fuss zurückzulegen, vorzubereiten. Ich muss an dieser Stelle vorausschicken, dass mein innerer Schweinehund im Laufe der letzten Jahrzehnte eine ziemlich laute und viele andere übertönende Stimme im Konzert all meiner Inneren Stimmen erhalten hat, die er auch häufig unaufgefordert hören lässt. Besonders, was das „sich-draussen-bewegen" bei sehr schlechtem sprich feucht-kaltem Wetter anbelangt, hat er inzwischen eine unangefochtene Vormachtstellung erlangt, sodass alle Bemühungen, ihm zu trotzen, von vornherein zum Scheitern verurteilt sind. Hüftschmerzen und diverse arthrosebedingte Beschwerden sind hierbei natürlich seit fast zehn Jahren Wasser auf seine Mühlen.

Also: Check der herbstlichen Agenda in Bezug auf die für meinen Camino erforderlichen drei freien Wochen,

Berücksichtigung der wichtigsten betrieblichen und privaten Termine, Rücksprache mit dem Familienrat. Sehr bald standen die Eckdaten fest und die Flüge wurden gebucht, bevor sich Schweinehund überhaupt zu Wort melden konnte. Dabei wählte ich einen Tarif, der eine Umbuchung oder Stornierung schon einmal gar nicht ohne zusätzliche Kosten erlaubte. Für echte Notfälle würde ich meine Reiseversicherung in Anspruch nehmen müssen, aber für das Maulen und Motzen von Schweini stand dies nicht zur Debatte.

Meine Camino-Vorbereitung lief völlig unaufgeregt und in einem Gefühl der heiteren Vorfreude an, denn so ist es, wenn eine Entscheidung durch ein untrügliches Bauchgefühl herbeigeführt wird: es bedarf keiner Hektik, keiner Eile, nichts muss überstürzt werden, alles kommt, wie es kommen soll, die Dinge fliessen, sie dürfen ihren Lauf nehmen, alles ist gut. Panta Rhei.

Noch nie habe ich, abgesehen vielleicht von den üblichen Wanderwochen in meiner Schulzeit, die aber auch bereits 40 Jahre zurückliegt, seither längere Wanderungen mit Rucksack unternommen. Tagesausflüge, ja, natürlich, Picknicks in den Bergen oder an einem See, selbstverständlich, aber eine mehrere hundert Kilometer lange Tour über mehrere Wochen und dafür nur mit einem Rucksack auf dem Buckel ausgerüstet sein? Nein, das ist absolutes Neuland für mich, was die ganze Sache natürlich zusätzlich spannend macht.

Und das Herbergsthema, das ich mir in Form von Übernachtungen mit laut schnarchenden Mitpilgern im Massenschlafsaal, Gemeinschaftsdusche und -WC, Frühstück mit vielen mir völlig unbekannten Menschen am langen Tisch vielleicht völlig falsch, aber dennoch auch als nicht sehr prickelnd vorstelle, löst bei mir höchst gemischte Gefühle aus. Ich habe Jugendherbergen schon früher nicht sehr viel abgewinnen können, die unangenehmen Erinnerungen an jene Zeit überwiegen und diese Art von Zufallsgemeinschaft in sehr persönlichen Bereichen ist einfach überhaupt nicht mein Ding. Ich möchte stattdessen in Einzelzimmern in Privatunterkünften und Hostales übernachten, die durchaus sehr einfach ausgestattet sein dürfen, Hauptsache, sie sind sauber und ich habe mein Zimmer für mich. Ohnehin bin ich nicht der Meinung, dass „echtes" Pilgern zwangsläufig etwas mit Gemeinschaft und Massenschlafsaal zu tun haben, sondern der Individualität und den Bedürfnissen des einzelnen Pilgers Raum lassen muss, denn jeder geht seinen eigenen Weg, aus seinen eigenen persönlichen Gründen, in seinen eigenen Schuhen und mit seinem eigenen Rucksack auf dem Rücken. Es gibt kein „richtig" oder „falsch", das WIE ist nicht wichtig, vielmehr kommt es auf das TUN selbst an.

Ausrüstung? Habe ich noch keine. Doch, halt, meine langjährigen Trekkingschuhe, die sind sehr gut eingelaufen und meine höchst blasenempfindlichen Füsse mögen diese Schuhe sehr. Zwar schon längst nicht mehr den heutigen Ansprüchen der Outdoor-Profis genügend, sprich weder mit Multi-Grip, TPU Frame (da musste ich doch erst einmal googlen...) noch Dämpfungskeil ausgestattet, aber bequem, wasserdicht und atmungsaktiv, das mag ausreichen.

Einiges an Funktionskleidung findet sich unter meiner Sportausrüstung zwar, jedoch allesamt keine neueren Modelle, die ultraleicht, ultraschnell trocknend und ultra-überhaupt sind. Doch dem kann abgeholfen werden, bei entsprechenden Aktionen werde ich vor dem Antritt meiner Reise schon fündig werden, das soll mir nicht den Schlaf rauben. Beim Thema Rucksack lohnt es sich schon, ein wenig mehr Zeit und Aufmerksamkeit zu investieren, um diesen in einem Fachgeschäft und unter sachkundiger Beratung auszuwählen, was im

Frühjahr auch sehr zufriedenstellend gelang. Mit meinem in zwei Türkistönen in meiner Lieblingsfarbe ausgeführten Köbi schloss ich bereits im Fachgeschäft Freundschaft, die sich auf dem Camino noch vertiefen sollte. Ich bin ein sehr harmoniebedürftiger Mensch, was sich zweifelsohne auch auf den Bereich „Farbharmonie" erstreckt und da ich mir ohnehin das eine oder andere Kleidungsstück zulegen musste, griff ich bei der erfreulicherweise gerade angebotenen Aktion, einer sprichwörtlich „türkisfarbenen Welle" im selben Geschäft sofort zu und freute mich schon darauf, mit meinem türkis-schwarzen Camino-outfit Ton in Ton mit den Farben des Atlantiks an der Küste entlang zu laufen. Man kann mir mit solch kleinen, im Grunde genommen völlig unwichtigen Dingen eine durchaus grosse Freude machen. Und schaden tut's ja sowie auch niemandem.

Mit dem Ende des Winters in unserer Gegend, sprich Ende April, Anfang Mai, wenn die zahlreichen Wanderwege in den Bergen annähernd schnee- und eisfrei sind, begann ich mit einem leichten Training, indem ich ein- bis zweimal wöchentlich den ca. 7 km langen Rundtrail in der Nähe begehen wollte. Wollte! Tatsächlich aber begann es damit, dass ich den Trail einmal in drei Wochen absolvierte – ohne Gepäck, wohlgemerkt, dennoch schien mir, als müsse ich nichts über's Knie brechen, alles würde sich finden, kein Grund, hektisch zu werden und mich selbst zu überfordern. An diesem Punkt der Vorbereitungen feixte Schweini bereits und sah seine Position gestärkt. Im August begann ich dann doch etwas zielgerichteter, auch längere Strecken zu absolvieren, um wenigstens annähernd die von mir angepeilten 17 Camino-Tagesetappen von durchschnittlich 17.5 km einmal ausgetestet zu haben. Und dies mit allmählich schwerer werdendem Gepäck auf dem Rücken, was wirklich eine grosse Herausforderung für mich darstellte. Nach 20 km mit nur 5 statt der nachher tatsächlichen 8 kg war ich jeweils auf den letzten Metern völlig erschöpft und sah mein Projekt schon im Ansatz scheitern, Schweini widersprach dem übrigens nicht...

Eine mindestens 300-km-Tour, eingeteilt in 17 Tagesetappen, wieviel Gepäck nimmt die unerfahrene Pilgerin wohl dafür mit? Ich stöberte hierzu in den einschlägigen Foren und Diskussionsgruppen der sozialen Medien, die mir eine recht zuverlässige Orientierung lieferten, wobei ich beim Zusammenstellen meiner Packliste natürlich mehr Gegenstände aufschrieb, als die Pilgerprofis das vorschlugen. Wie hätte ich beispielsweise ohne meinen e-reader (übrigens in türkisfarbener Schutzhülle) drei Wochen verreisen können? Gar nicht denkbar für mich! Er ist seit Jahren mein ständiger Begleiter auf Reisen, der musste mit, diskussionslos. Sein Ladekabel natürlich auch. Ein Reisetagebuch gehörte für mich ebenso ins Gepäck wie eine Powerbank, da ich sonst ein neues Mobiltelefon mit einem zuverlässigen Akku hätte kaufen müssen, da meines bereits in seinem 4. Lebensjahr ist und somit bereits zu den hoffnungslos irreparablen Fällen gehört, sollte es unterwegs aussteigen wollen.

Der Reisetermin Ende September bis Mitte Oktober stellte zumindest für die Etappen in Portugal milde Temperaturen und viel Sonnenschein in Aussicht, also leichte Laufkleidung, aber Verzicht auf Sonnencreme und Mückenschutz, da ich von der Arbeit draussen beim Heuen bereits eine zuverlässige Schutzschicht sprich Bräune bekommen hatte und nicht fürchten musste, mich auf dem Weg zu verbrennen. Eine Kappe natürlich als Kopfbedeckung sowie einen Buff, der mir im Bedarfsfall und bei kühleren Temperaturen -immerhin würde ich ja am herbstlichen Atlantik entlang laufen- als Mütze und Schal zusätzliche Dienste leisten würde, gehörten zu den unverzichtbaren Accessoires. Meine

Freude war riesig, als ich wenige Tage vor meinem Abflug einen ebensolchen Buff von einer lieben, langjährigen Freundin als Talismann für meine Reise erhielt, bedruckt mit Symbolen und Wahrzeichen entlang des Caminos und mit dem Pilgerwunsch „buen camino" verziert. Er hat mich natürlich begleitet und ich habe ihn im kühl-regnerischen Santiago nicht nur als Talisman, sondern auch in seiner eigentlichen Funktion als Neckwarmer sehr geschätzt!

Zwar hatte ich mir einen für den portugiesischen Küstenweg empfohlenen Reiseführer zugelegt, muss aber gestehen, dass ich mich vor der Reise nicht einmal ansatzweise hineinvertieft hatte, ich wollte mir selbst nicht zu viel vom Camino vorwegnehmen und den Aspekt der Spontaneität, des Einlassens auf das Unbekannte unbedingt erhalten.

Darum nahm ich auch keinerlei Vorausbuchungen von Unterkünften auf dem Weg vor, lediglich die Nächte in Porto nach der Ankunft sowie die in Santiago zum Abschluss der Reise hatte ich bereits im Vorfeld ausgewählt und gebucht – aber hier, im Gegensatz zu den Flügen und wie immer bei Hotelbuchungen, kurzfristige Stornierungen möglich!

A propos Flüge und Porto: mein Flug wird mir auf der Anzeigetafel nun im Stadium „boarding" angezeigt und ich begebe mich mit steigender Spannung in Richtung Ausgang zum Gate. Die dort wartende Swiss-Maschine füllt sich rasch und fast pünktlich heben wir ab in Richtung Süden.

Nach einem sehr ruhigen, leicht verspäteten Flug über Frankreich und die wolkenlose Iberische Halbinsel landen wir wohlbehalten in Porto. Sofort spüre ich wieder das Gefühl von Heimat und Verbundenheit beim Überfliegen Spaniens, auch, wenn es diese Woche bereits 24 Jahre seit meiner Übersiedlung in die Schweiz waren...

Es gibt Bindungen, die die Jahre überdauern, meine Herzensbindung zu Spanien ist eine davon. Wie oft habe ich mir schon vorgestellt, eine Rückführung mitzumachen, um zu erfahren, ob ich nicht in einem meiner früheren Leben in Spanien beheimatet war – ich würde einen hohen Einsatz darauf verwetten, dass dies eine der Erkenntnisse daraus wären. Es wird aber wohl bei meinem Bauchgefühl in dieser Richtung bleiben, denn bisher habe ich dann doch von Rückführungen und dergleichen Abstand genommen. Ich bin aber hier nun erstmals im Nachbarland Portugal und sehr gespannt, was mich hier erwartet. Was die Verständigung mit der einheimischen Bevölkerung angeht, so mache ich mir keine grossen Sorgen, denn dank meiner Spanischkenntnisse kann ich geschriebenes Portugiesisch gut lesen und auch das gesprochen Wort recht gut verstehen, sofern man langsam mit mir spricht. Meine spanischen Antworten kommen ganz offensichtlich auch an und es bewahrheitet sich, was ich schon so oft festgestellt habe: wer sich darum bemüht, zu verstehen und verstanden zu werden, egal wo, der wird auch verstehen und verstanden werden. Mit dem sympathischen Taxifahrer am Flughafen jedenfalls klappt das auf Anhieb und nachdem Köbi sicher verstaut ist, braust er los.

Ups! Kaum bin ich eine Stunde auf portugiesischem Boden, befinde ich mich bereits mitten in meinem ersten kleinen Camino-Abenteuer: der Taxifahrer findet zwar die angegebene Strasse, jedoch die gesuchte Hausnummer nicht! Wie war das noch mit dem „verstanden werden"? Habe ich dem Taxifahrer die Hausnummer denn prompt falsch angegeben? Unwahrscheinlich, denn wir haben ja vor dem Start noch gemeinsam auf das Display geschaut, auf dem der Standort 103/589 markiert war, und er ist nickend und mit „Daumen hoch" auch gleich gestartet, als stünde er in der Pole-Position eines Formel-1-Rennens! Wie dem auch sei, mein Möchtegern-Fittipaldi kann die Hausnummer meines Apartmentgebäudes angeblich nicht finden und kippt mich mitsamt Köbi an der 103 anstatt der gesuchten 589 raus. Mir wird nach einer Rückfrage beim Barbesitzer nebenan klar, dass die „103/589" die Appartementnummer 3 im 1. Stock des Gebäudes 589 ist, aber da ist mein Rennfahrer bereits über alle Berge. Tja, so beginnt mein Camino mit einem 2.5 km langen Fussmarsch zurück zur Nr. 589 auf dieser endlosen Strasse nun halt schon etwas früher als geplant... Und ich stelle fest, Portugiesen verstehen durchaus deutliche Worte auf Spanisch... Aber halb so schlimm, ich kriege mich sehr schnell wieder ein, das Wetter ist herrlich: 20 Grad, Sonne und Wind, ich will ja LAUFEN und ich habe ZEIT! Es ist Samstagnachmittag, wenig Verkehr und ich finde nach einer Weile tatsächlich das versteckt liegende Gebäude Nr. 589 zurückversetzt hinter dem Parkplatz eines Autohauses. Da musste man natürlich wirklich erst einmal drauf kommen, ich hatte es im Vorbeifahren auch nicht gesehen, also, Schwamm drüber, ich bin ja heil gelandet und alles ist gut. Das Apartment für die nächsten beiden Nächte ist schön, grosszügig und geschmackvoll eingerichtet und angeblich nur wenige Gehminuten von der Altstadt entfernt. Nun werde ich mir in dem kleinen Laden nebenan einmal das Nötigste wie Wasser und Obst besorgen und anschliessend einen Spaziergang zum Meer hinunter machen.

Letzteres gestaltet sich als Unterfangen, für das mir an diesem Spätnachmittag gar keine Zeit mehr bleibt, will ich noch bei Tageslicht an- und vor allem wieder in mein

Apartment zurückkommen, da ich mir nach dem Aussteigen aus dem Taxi vorgenommen habe, ab sofort nur noch meine Füsse als Fortbewegungsmittel bis zum Transfer zum Flughafen in Santiago zu benutzen! Eine ziemliche Herausforderung, denn ich habe die endlos lange, breite und vermutlich zu Geschäftszeiten auch sehr stark befahrene Rúa Boa Vista völlig unterschätzt: nach einem etwa einstündigen flotten Marsch in Richtung Strand gebe ich auf, da kein Ende der Ausfallstrasse abzusehen ist und das Meer sich nicht einmal als Streif am Horizont ausmachen lässt. Zudem habe ich Hunger und Durst und morgen ist auch noch ein Tag. Ich lasse mich in einem der zahlreichen Strassencafés mit einem leckeren Salat und Sandwich verwöhnen und staune über die günstigen Preise, die mir, aus der Schweiz kommend, schier spottbillig erscheinen. Auf meinem Pilgerweg sollen sie mir später in kleineren Ortschaften noch viel günstiger begegnen. Ich geniesse die entspannte Stimmung an diesem sonnigen Spätsommertag, das laute Leben um mich herum, die fremden und gleichzeitig doch auch vertrauten Klänge der Sprache und der südländischen Stadt, selbst das nervige Gehupe der knatternden Mopeds gehört hier einfach dazu, ohne diesen Lärm würde schlicht etwas im Gesamtbild fehlen.

Angekommen, stelle ich erstaunt, aber auch amüsiert fest, das ging ja schnell: ich bin tatsächlich schon in dieser mir doch total unbekannten Stadt angekommen, alles wirkt vertraut, ich schnappe Wortfetzen auf, verstehe die Gespräche an den Nebentischen und sehe diesem Abenteuer Camino nun spürbar eher gelassen als nervös entgegen. Die Sonne wird blasser, es kommt Wind auf und wird kühl, allmählich mache ich mich auf den Rückweg in meine Bude, der erste Tag war wunderbar.

29.9.
⁺ Porto – Einstimmung und erster Stempel (20 km)

Alles ist relativ, so auch die Angabe in meinem Reiseführer „...nur wenige Minuten von der Altstadt entfernt"...! Wow! Mal eben mindestens eine halbe Stunde flotten Fussmarsches muss ich hinlegen, um auch nur in die Nähe der Altstadt zu gelangen. Aber egal, das kann mich auch nicht schrecken und gehört zu meinem Camino-Programm wohl dazu. Ich streife durch die am Sonntagvormittag noch sehr ruhigen, in diesigen Küstennebel gehüllten Wohngebiete, Parks, Geschäfts- und Nebenstrassen dieser immerhin zweitgrössten Stadt Portugals, die bisher noch überhaupt nichts von einer Hafenstadt an sich hat, wie mir scheint. Vielleicht aber habe ich das auch nur noch nicht mitbekommen, da ich ja gestern Abend nicht mehr bis zur Atlantikmündung des grossen Rio Douro gelangt bin.

In einem charmanten Strassencafé geniesse ich einen „galão", diesen unvergleichlichen portugiesischen Milchkaffee auf Espressobasis mit heisser Milch mit einer „tosta", dem dicken, getoasteten und reichlich gebutterten Toast mit Orangenmarmelade und beobachte die sich allmählich auf dem Platz vor mir zu ihren jeweiligen Besichtigungen versammelnden Touristengruppen aus aller Herren Länder. Das Sprachengemisch ist vielfältig, laut, die Guides strengen sich an, um sich Gehör zu verschaffen, indem sie ihre schnatternden Gruppenmitglieder zu übertönen versuchen oder auf moderne und oft von asiatischen Gruppen angewandte Art die Sehenswürdigkeiten der Stadt mit elektronischen Hilfsmitteln via Mikrofon und Kopfhörer erläutern. Die klickenden Mobiltelefone sind im Dauereinsatz, Selfie-Sticks werden in die Luft gestreckt, es sieht aus wie ein Stangenwald... Ich fühle mich sehr wohl hier, das alte

Porto mit seinem maroden Charme ist soooo schön... Auf Hügeln gebaut, eng und bunt, abblätternde Fassaden der kleinen Häuser in den Gassen hoch über dem Fluss, von Haus zu Haus gespannte Wäscheleinen, der vom Meer herüberziehende, leichte Nebel, die grosse Eisenbrücke über den Rio Douro- ein Vergleich mit San Francisco zwingt sich fast auf... Die Stimmung hier ist gelöst, beschwingt, mediterran und trotz der Touristenscharen noch ein gutes Stück weit authentisch.

Ich schlendere zur Kathedrale hinauf und da ist er plötzlich, völlig unverhofft vor mir auf dem Pflaster: mein erster Pilgerpfeil, da, einfach ohne Vorwarnung vor mir auf dem Boden in einen flachen Stein gemeisselt! Mein Herz macht einen kleinen Satz, es ist ein sehr berührender Moment, den ich so schnell nicht vergessen werde! Ich möchte mir nun ganz stilecht meinen ersten Pilgerstempel in der Kathedrale abholen, aber daraus wird leider nichts: da später am Tag eine Bischofsweihe stattfinden wird, ist bereits das Betreten der Kathedrale nur den Teilnehmern des Gottesdienstes erlaubt, ich werfe lediglich einen Blick ins Innere der grossen Kirche und begnüge mich mit einem Stempel vom nahegelegenen Tourismusbüro. Auch gut, Stempel ist Stempel, es wird in Santiago später nicht geprüft, wer diese in den Pilgerpass gedrückt hat, sondern nur, ob denn auch wirklich die erforderlichen Strecken nachgewiesen werden.

Auf dem Jakobsweg muss der Pilgerpass bei Fusspilgern, so hat man es mir erklärt, ab dem Startort mit einem, ab 100km und weniger bis Santiago de Compostela täglich mit zwei Stempeln versehen sein, um nach der Ankunft in Santiago die Pilgerurkunde, die

Compostela, zu erhalten. Stempel gibt es praktisch überall entlang des Weges, so in Bars, Hotels, Pensionen, Herbergen, Kirchen, Kioske, man muss lediglich daran denken, danach zu fragen, was mir in den ersten Tagen meist nicht von alleine in den Sinn kommt. Doch die Betreiber der Bars und Restaurants sehen es ihren Gästen vermutlich schon von weitem an, ob es sich um erfahrene Pilger oder Neulinge auf dem Weg handelt und so hängen meist entsprechende Schilder an der Eingangstür oder die Stempel liegen zur Selbstbedienung offen auf dem Tresen.

Vom Vorplatz der Kathedrale aus geniesse ich den Blick auf das gegenüberliegende Douro-Ufer mit seinen grossen Portwein-Kellereien. Der Schriftzug und die schwarze Mantelfigur meines Lieblingsfabrikats sticht mir dabei ins Auge und so weiss ich bereits, wohin mich mein Spaziergang als nächstes führen wird: von der Altstadt über die gewaltige Fachwerk-Bogenbrücke Dom Luís auf die andere Uferseite nach Vila Nova de Gaia und zur Kellerei Sandemans. Ich schliesse mich einer spanischen Touristengruppe an und bereits während der Führung durch die Weinkeller geht es laut und lustig zu. Die anschliessende Verkostung von mehreren grossen Qualitätsportweinen tut ein Übriges, um den Geräuschpegel nach oben zu schrauben und eine weinselige Stimmung unter den Besuchern zu verbreiten.

Nun sollte ich aber schleunigst etwas essen, damit der Alkohol meine Sinne nicht völlig vernebeln und mir den Nachmittag in dieser schönen Stadt am Ende noch trüben würde. Pilgern und Portwein, passt das denn nun zusammen? Auf jeden Fall, so meine Meinung, denn gerade die früheren Pilger im Mittelalter waren bekanntlich dem vergorenen Traubensaft nicht abgeneigt. Und authentischer als hier in Porto kann ein guter Portwein gar nicht sein...

Ich finde ein hübsches Restaurant in der Nähe direkt an der Uferpromenade und bestelle mir ein traditionelles Gericht aus überbackenem Kabeljau (der „bacalhau" ist so etwas wie das Grundnahrungsmittel der portugiesischen Küche und er kann auf hunderte Arten zubereitet werden) mit Ofenkartoffeln und vielen Oliven. Während des Essens sehe ich dem lebhaften Treiben auf der Promenade zu. Sonntags ist hier in Portugal noch Familientag, Ausflüge mit grossen und kleinen Familienmitgliedern gehören zum Programm, dabei sind immer mehrere Generationen zusammen, die gesamte Familie sitzt nachher lange beim gemeinsamen Mittagessen im Restaurant oder beim Picknick in den zahlreichen Parks der Stadt. Es ist laut, es ist bunt, es ist lebendig hier und mir gefällt es.

Die Sonne verzieht sich, es bedeckt sich allmählich und wird sogar ein wenig kühl. Ich ziehe weiter und gelange endlich nach einem weiteren längeren Fussmarsch an die Atlantikmündung des Rios Douro. Hier atme ich tief die salzige Meeresluft ein und sehe den donnernden Wellen zu, wie sie sich an der Mole brechen. Möwengekreische und der Geruch des Meeres, diese einzigartige Kombination löst bei mir sämtliche Verspannungen, körperliche wie seelische, und ich fühle mich bereit, leicht und frei, den Weg nach Santiago ab morgen hier zu beginnen.

Nach insgesamt schon 15 zurückgelegten Kilometern kehre ich kurz auf der Dachterrasse eines Hotels ein, um bei einem Kaffee die untergehende Sonne zu beobachten, die hinter den wieder weniger gewordenen Wolken allmählich ins Meer versinkt. Einige Kilometer habe ich noch vor mir, bis ich meine versteckt liegende Unterkunft erreiche, bevor die Dunkelheit hereinbricht.

Ich habe festgestellt, dass hier in Porto tatsächlich auch noch ein alter ‚eléctrico', fährt eine alte Trambahn, die, bestehend aus einem einzigen Wagen noch auf einer kurzen Strecke in Betrieb ist und die ich bei einem nächsten Besuch sicher gerne auch einmal benutzen werde. Eine weitere Parallele zu San Francisco- es gibt hier sogar deren viele.

Die heisse Dusche nach über 20 km Asphalt und Kopfsteinpflaster ist mehr als eine Wohltat, Hirschtalgcreme intensiv für die geschundenen Füsse tut not, die Klamotten würden zu Hause schnurstracks in die Wäsche wandern, hier muss ich noch ein Weilchen mit ihnen klarkommen und hänge sie hinaus auf die grosse Terrasse zum auslüften... Andere Pilgern riechen irgendwann auch nicht mehr nach Rosenwasser, vermute ich mal...? Egal, jetzt möchte ich erst einmal die Beine hochlegen, das unterwegs gekaufte Sandwich essen und früh ins Bett, um morgen ausgeruht mein Abenteuer zu beginnen.

30.9.
𝄞 Camino Tag 1: Porto-Labruge, 19.3 (23 km) km

Es geht los!
Morgens um 8.30h, es ist eben hell geworden, schultere ich voll motiviert meinen Köbi, lege die Schlüssel des Apartments auf den Küchentisch und ziehe die Tür hinter mir zu. In den Nebenstrassen ist noch alles ruhig, bis ich dann auf die grosse Ausfallstrasse Rua Boa Vista

gerate, die mich aus Porto hinaus in Richtung Matosinhos führen wird: es ist laut und voll - und es ist alles ganz anders als ich dachte, soviel steht fest!

Die ersten drei Stunden sind einfach GRÄSSLICH: Montagmorgendlicher Berufsverkehr auf der endlosen Rua Boa Vista, nur Asphalt, Stau, Abgase und überall dieser durchdringende LÄRM!

Autos, Mopeds, Töffs mit offensichtlich abgesägtem Auspuff überbieten sich gegenseitig mit ihrem Getöse und Dauergehupe! Ich stelle fest, dass ich zwar diesen typisch mediterranen Strassenlärm als von früher her sehr vertraut wiedererkenne, in meiner beschaulichen Ruhe zu Hause in den Schweizer Bergen aber so gar keinen Grossstadtlärm mehr gewohnt bin, stehe daher jetzt mittendrin vollkommen unter Strom und leide! Nein, Ohrstöpsel sind für mich keine Option, überhaupt nicht, ich möchte all meine Sinne auf den Camino richten und mich nicht ablenken oder betäuben. Wenn schon, denn schon und schon gar keine halben Sachen! Aber es ist eine enorme Belastung, die ich hier auszuhalten habe. Nun ja, ich werde sie hoffentlich ohne Gehörschaden überleben. Fussgänger sind hier nur sehr wenige unterwegs, lediglich ausgangs Porto, am unteren Ende der Boa Vista, treffe ich nach über einer Stunde zunehmend mehr Jogger und Velofahrer an und der Autoverkehr wird allmählich weniger.

Ich bin bei strahlendem Sonnenschein gestartet, doch je näher ich dem Meer komme, umso nebliger wird es, alles ist in feinen Dunst gehüllt und ich muss meine Jacke hervorkramen.

Ich habe offenbar eine andauernde grüne Welle erwischt oder mein Schritttempo unbewusst an die Grünphasen der Ampelanlagen angepasst, auf jeden Fall kann ich prompt immer weitergehen ohne anzuhalten, was ich aber doch besser tue und mich umschaue, denn hier in Portugal ist man noch weit davon entfernt, den Fussgängern an Fussgängerampeln oder –überwegen auch tatsächlich den Vortritt einzuräumen und sicher ist sicher! An der einzigen roten Fussgängerampel, die mich zum Stehenbleiben zwingt, sehe ich ein Schild, das mich auf einen hinter Büschen versteckten Parkeingang hinweist. Ich zögere, beschliesse aber im Vertrauen auf meinen recht guten Orientierungssinn, diesem Weg zu folgen und finde eingangs des Parks einen Plan mit Hinweisen und Wegbeschilderungen. Diesen zufolge sollte ich nach dem Durchqueren des Parks am Ortsrand von Matosinhos landen, genau dort, wo ich ja schliesslich hinmöchte, also nichts wie weg von der lärmigen Boa Vista und eintauchen in die herrliche Ruhe des Parks. Hier entspanne ich mich wieder und geniesse Anblick und Duft der mediterranen Vegetation, eingehüllt in leichten Morgennebel sehr. Meinen Füssen tut das Laufen auf sandigem Naturboden auch besser als auf hartem Asphalt. Der roten Fussgängerampel danke ich stumm für diese wunderbaren Erlebnisse in der friedlichen Morgenstille und da ich nicht an Zufälle glaube, fühle ich mich wohlwollend geleitet, von wem auch immer.

An der Ufer-promenade von Matosinhos entdecke ich im feuchten Dunst zu meiner Beruhigung einen gelben Pfeil, ich bin also auf dem richtigen Weg und stelle fest, dass ich mich auf meinen Orientierungssinn verlassen kann. Vorbei geht's nun am Hafen von Matosinhos, auch hier wieder irrer Verkehr, irrer Gestank, irrer Lärm! Hier im Industriehafen riecht es nicht mehr nur nach Meer, sondern es stinkt nach verwestem Fisch und den riesigen Müllbergen an der Strasse. Ich sehe zu, dass ich diesen Abschnitt so schnell wie möglich hinter mich bringe. Da ich ohne Reiseführer in der Hand unterwegs bin (er schlummert in Köbis Bauch und ich habe absolut keine Lust, ihn herauszukramen, ich habe ja einen Mund und keine Berührungsängste, einfach fragen, wenn ich etwas wissen möchte, so lautet meine Devise), bin ich an einer grossen Strassenkreuzung, an der aus allen Richtungen mehrspurige Schnellstrassen zusammenlaufen, aber kein einziger Pfeil angebracht ist, etwas ratlos. Genauso wenig sicher wirkt wenige Meter hinter mir ein in grell orangefarbigem Outfit zügig dahinschreitender Mitpilger, der sich aber anhand seines Ratgebers etwas besser zurechtzufinden scheint als ich. Ich warte, bis er mich eingeholt hat und nachdem wir zunächst auf Englisch feststellen, dass die Beschilderung doch sehr zu wünschen übrig lässt, schwenken wir rasch auf Deutsch um, da er Österreicher ist. Er wolle den Camino in Kurzzeit durchwandern, wie er mir sagt, neun, maximal zehn Tage wolle er unterwegs sein. Ups! Ich sage nichts von meinen geplanten 17 Etappen... Er ist aber auch Jahrzehnte jünger als ich und körperlich sehr fit. Wir beschliessen, den Weg aus der Stadt hinaus gemeinsam zu suchen und müssen wohl oder übel einige hundert Meter entlang der Stadtautobahn laufen, was eine Unterhaltung allerdings so sehr erschwert, dass wir sie ganz einstellen. Zudem sind wir aus Sicherheitsgründen im Gänsemarsch hintereinander unterwegs, keiner will auf dem schmalen Fussweg allzu nahe an den heranrasenden Autos laufen.

Aber DANN ist's geschafft: der Weg, immer noch viel Asphalt und Kopfsteinpflaster, führt jetzt endlich direkt am Meer entlang, der brausende Atlantik lässt die unerwartet unangenehmen Eindrücke der ersten Stunden und Kilometer schnell vergessen...Mein knall orangefarbig gewandeter Mitpilger zieht rasch von dannen, ist aber dank seines Outfits noch lange sogar im sich allmählich lichtenden Nebel deutlich als leuchtender Punkt zu erkennen. Er wird den Kurzreitrekord brechen, da bin ich mir sicher...

In einem netten Restaurant direkt am Strand mache ich eine für portugiesische Essenszeiten recht frühe Mittagspause, so habe ich die Aufmerksamkeit der freundlichen jungen Serviceangestellten für mich allein und ich werde zügig bedient. Mit Blick auf den Atlantik geniesse ich die Sonne, es wird warm, einige Mitpilger ziehen nun lächelnd und grüssend an mir vorbei und ich fühle mich als Teil dieser grossen, fast komplizenhaften Gemeinschaft, deren Wesen ich auf dem Weg noch näher kennenlernen soll: ein unausgesprochenes Zusammengehörigkeitsgefühl, gegenseitige selbstverständliche Hilfe und Austausch, ein freundlich-fürsorgliches Miteinander, das werde ich noch auf beinahe jeder Etappe meines Caminos erleben.

Nun befinde ich mich also auf dem endlos scheinenden Holzplankenweg durch die wunderschöne, raue und windige Dünenlandschaft, kann mich kaum sattsehen und geniesse die angenehme Brise. Es ist kein Badestrand, der nun immer links von mir verläuft, sondern eine zerklüftete, felsige Küste, an der sich die Wellen brechen und die nur hin und wieder kleine sandige Abschnitte aufweist. Badende sind demnach auch hier nicht zu sehen, die Badesaison ist aber auch mit dem Oktoberbeginn ohnehin vorbei und es ist sehr ruhig, dafür werfen gelegentliche Angler ihre Köder aus und versuchen ihr Glück.

Der Anblick dieser wilden Landschaft nimmt mich gefangen, ich bemerke weder Köbis Gewicht auf dem Rücken noch meine schmerzenden Füsse, die eine eigene Dynamik entwickelt haben und sich wie ein Uhrwerk bewegen, das Laufen wird fast meditativ. Ich habe auch keinen Überblick über die vielen Kilometer, die ich zurücklege. Adrenalin pur, ganz offensichtlich.

Allmählich drängt sich nun am frühen Nachmittag jedoch der Gedanke an eine Unterkunft für die Nacht auf, wobei ich ja von einem Einzelzimmer in einer Privatpension oder einem Hostal ausgehe und nicht absehen kann, wie lange ich noch weiterlaufen mag. Ich setze mich auf eine Steinmauer und befrage die entsprechende Seite im Netz auf meinem Handy, dem schier wichtigsten Utensil des modernen Pilgers, nach Unterkünften in meiner Nähe. Pilgern und Handy, passt das zusammen? Selbst wenn ich es wirklich wenig zu Hilfe nehme und mich vorwiegend auf mich selbst verlasse, so ist es doch ein unverzichtbares Pilger-Hilfsmittel in unserer heutigen Zeit.

Im ca. 2 Laufstunden entfernten kleinen Ort Labruge soll es Privatzimmer geben, das schaffe ich sicher noch bis dahin, also los. Mein Erstaunen ist gross, als mich unverhofft eine Mitpilgerin anspricht und mich fragt, ob ich Susanne aus der Schweiz sei. Huch! Ja, bin ich, und wer bist DU? Na, ich bin Petra, wir haben uns gelegentlich über unsere FB-Gruppe ausgetauscht und voneinander erfahren, dass wir gleichentags von Porto aus starten würden. Na, so ein Zufall, dass wir uns aber tatsächlich auch hier treffen. Natürlich sind wir nun einige Kilometer zusammen unterwegs, da wir beide im Städtchen Labruge eine Unterkunft suchen wollen. Petra hat keinerlei Sprachkenntnisse und so ergibt es sich, dass ich eine Einheimische nach Petras angepeilter Herberge und für mich nach einem Privatzimmer frage.

Gegen 16h klingeln wir zuerst am mir empfohlenen sehr modern und sauber wirkenden Guesthouse „Casa da praia" und werden vom freundlichen Betreiber darüber aufgeklärt, dass leider nur noch ein Doppelzimmer mit zwei Einzelbetten zur gemeinsamen Benutzung sowie Gemeinschaftsbad und WC frei ist... Utsch! Das fängt ja schon gut an! Ich und mein Einzelzimmerwahn! Petra schaut mich fragend an, ich übersetze und sie meint schüchtern, ob es denn so schlimm wäre, wenn wir uns das Zimmer teilten? Hmmm, schlimm... alles ist relativ. Ich habe einen sehr leichten Schlaf und meine Nachtruhe ist mir angesichts dessen, was ich hier tagsüber so unternehme, doch einigermassen wichtig, um fit und ausgeruht zu sein. Sie sei sehr pflegeleicht und mache sicher keinen Lärm mitten in der Nacht, erklärt mir Petra. Ich warne sie im Gegenzug eindringlich vor meinem angeblichen Schnarchen, das meine Familie trotz meiner jeweiligen Proteste immer wieder zu hören behauptet, was Petra aber nicht stören wird, sollte es denn so sein. Irgendetwas in mir tritt meinem Schweinehund nun einmal ganz kräftig in den Hintern, er verzieht sich stillschweigend und ich denke mir, wenn Petras Füsse auch nur halb so weh tun wie mir meine, dann ist es schlicht unzumutbar, sie weiter zu der von ihr ursprünglich ausgesuchten Herberge zu schicken, bloss, weil ich das DZ unbedingt für mich alleine haben möchte. Geht gar nicht, ich wäre mir wie eine asoziale Tussi vorgekommen, die den Sinn des Pilgerns überhaupt nicht verstanden hat und so willige ich zu Petras sichtlicher Erleichterung ein, das Doppelzimmer mit ihr zu teilen. Und ich kann an dieser Stelle bereits vorausschicken, dass ich die Nacht problemlos und tief schlafend überlebt und dabei gleichzeitig mein Trauma des room-sharings überwunden habe! Und Petra hat nichts von irgendwelchem Schnarchen meinerseits mitbekommen, versichert sie, was mich auch sehr beruhigt. Der Camino gibt dir genau das, was du brauchst und nicht unbedingt das, was du suchst, so lautet ein von vielen erfahrenen Pilgern immer wieder zitierter Spruch. Und der scheint tatsächlich ein Körnchen Wahrheit zu beinhalten...

Die etwas zu kalte Dusche im blitzsauberen Marmorbadezimmer, die ich nach unserer Ankunft geniesse, ist höchst erfrischend, kühlt die inzwischen wirklich heftig brennenden Füsse und belebt die Lebensgeister im Nu. Meine „Freizeitkleidung", bestehend aus einer schon betagten, fast fadenscheinig dünn verwaschenen und daher sehr leichten Jeans und einem Polo-Shirt sowie ebenfalls sehr leichten Sommersneakers (jedes Gramm Gewicht muss auf dem Rücken mitgeschleppt werden), signalisiert die lauf-freie Zeit am Abend nach einer Camino-Etappe, drei Wochen werde ich mit diesem einzigen Wechseloutfit auskommen müssen, für nicht sehr erfahrene Pilger eine noch etwas bizarre Vorstellung. Die verschwitzten Camino-Klamotten wasche ich rasch im Handwaschbecken aus und hänge sie zum Trocknen nach draussen. Leider trägt der auch hier aufziehende abendliche Küstennebel nicht gerade dazu bei, dass die ultraschnell trocknende Funktionswäsche sich an diese Eigenschaft auch erinnert und wir bitten den Guesthouse-Betreiber um einen kleinen Heizlüfter. Morgen früh in klamm-kalte Kleider schlüpfen zu müssen ist wirklich keine allzu erheiternde Vorstellung. Petra und ich geniessen im einzigen kleinen Restaurant des bis auf einige umherziehende Pilger völlig ausgestorben wirkenden Ortes ein leckeres Abendessen bei guten Gesprächen, der Nebel zieht auf und hüllt alles ein und in der einsetzenden Dunkelheit schlendern – oder war es doch vielmehr ein leichtes Humpeln?- wir zu unserem Guesthouse zurück, um sehr bald einmal in unsere Betten zu fallen, die brennenden Füsse hochzulagern und den ersten Pilgertag ausklingen zu lassen.

1.10.
? Tag 2: Labruge-Aguçadoura (20.3 km)
(die GPS aller Mitpilger, die gleichenorts gestartet sind, zeigen ausnahmslos 23+ km an...)
Mein Schrittzähler kann wohl nicht rechnen? In der Tat ist es nur eine Standard-App, die nicht personalisiert,

also nicht auf meine individuelle Schrittlänge eingestellt ist und so lasse ich mich völlig unbeabsichtigt dazu verleiten, bereits am Anfang des caminos deutlich längere Strecken als geplant zurückzulegen. Ungeschickt, denn gerade am Anfang ist verständlicherweise ratsam, eher kürzere als zu lange Etappen zu gehen, da der Körper noch nicht an die Dauerbelastung gewöhnt ist und entsprechend überfordert werden kann. Das wird mir in den nächsten Tagen noch deutlicher bewusst, solange ich mich von den Angaben meines Schrittzählers leiten lasse.

Gegen 7 Uhr morgens, es ist noch stockdunkel draussen, regt sich nach einer sehr entspannenden Nacht allmählich Leben im Guesthouse, das mit insgesamt 6 Pilgerinnen und einem Pilger nicht komplett belegt war und uns erwartet ein üppiges Frühstück am liebevoll gedeckten Tisch in der grossen Küche. Ich bin ein absoluter Frühstücksmensch, ohne ein Frühstück in den Tag zu starten fällt mir schon zu Hause schwer, selbst dann, wenn ich „nur" einen Schreibtischtag vor mir habe, also keine besondere körperliche Anstrengung zu erwarten ist, aber hier, vor dem Start in einen möglicherweise kräfteraubenden Pilgertag, kann und möchte ich schon mal gar nicht darauf verzichten. Einem entgangenen Abendessen hingegen trauere ich sehr selten einmal nach.

Es gibt wirklich alles, was mein Pilgerherz begehrt und so reichlich, dass doppelt so viele Mitpilger davon satt geworden wären. Ich bin begeistert und geniesse das Zusammensitzen mit den bis auf eine junge Brasilianerin ausnahmslos deutschen Pilgern sehr. Es stellt sich heraus, dass wir alle Neulinge sind mit Ausnahme von Uwe, der sich sage und schreibe auf seinem 21. Jakobsweg befindet, dem fünften Portugiesischen, wie er uns mitteilt. Natürlich hören wir fasziniert zu, was er über seine Erlebnisse auf den Wegen erzählt, stellen Fragen und erhalten kompetente Antworten. Er nennt sich offiziell auch „Wegbegleiter" und genau das tut er unterwegs: andere Pilger ein Stück weit auf deren Caminos begleiten, ohne dabei seinen eigenen Weg völlig aus den Augen zu lassen.

Es wird allmählich hell draussen, wir heben die nette Tafel auf und jeder macht sich nach einer herzlichen Verabschiedung von den Mitpilgern in seinem eigenen Tempo nun wieder auf seinen Weg. Zwar verlassen Petra und ich gemeinsam unser Guesthouse, doch wegen ihrer noch nicht lange zurückliegenden Fuss-OP muss sie ein sehr gemächliches Tempo einhalten, sodass ich sie bereits beim Betreten des Holzbohlenwegs am Strand hinter mir lasse.

Jeder geht in seinem Tempo, es darf, muss aber kein gemeinsames Laufen sein, jeder wie ihm beliebt und seinem eigenen Bedürfnis entsprechend. Es wird sich später noch herausstellen, dass man dieselben Gesichter immer wieder einmal auf anderen Etappen, in einem Restaurant, an einer Stempelstelle usw. wiedersieht, egal, wen man wann überholt hat oder von wem man wo überholt worden ist. Begriffe wie „richtig" und „falsch" existieren beim Pilgern nicht, was eine sehr entspannende Erfahrung ist und vielmals im krassen Gegensatz zum beruflichen und privaten Alltag der Pilger steht. Genau dieser Aspekt mag auch einer der Gründe sein, warum viele, die einmal einen Jakobsweg gegangen sind, sich mit dem Virus infizieren und immer wieder das Pilgererlebnis suchen? Die Schilderungen erfahrener Pilger besagen, dass es so etwas wie ein „einmal und nie wieder" oder „einmal und immer wieder"-Ding sei, ein gemässigtes „Mittelding", ein „mal sehen, vielleicht nochmal" gibt es angeblich praktisch nicht. Da darf ich ja gespannt sein, wie sich der Camino bei mir auswirkt und ob mich der Pilgervirus infiziert oder ob dies meine einzige Erfahrung in dieser Richtung bleiben wird...

Heute Morgen hat sich Schweinehund angesichts des fantastischen Frühstücks nach einer guten, entspannenden Nacht und einem wunderschönen einsamen Streckenabschnitt durch eine faszinierende Dünenlandschaft gleich zu Beginn des Weges überhaupt nicht aus seiner Höhle getraut. Er fängt lediglich wieder an zu nölen, als irgendwann nun eine Bettenburg die andere ablöst und der Weg kilometerlang an klotzigen Touri-Siedlungen vorbeiführt. Der Küstenweg ist wunderschön, keine Frage: das sich im Wind bewegende Schilfgras gibt ein schönes Fotomotiv her, ebenso wie die karg bewachsene Dünenlandschaft und die von Gischt umschäumten Felsen. Dank der federnden Holzplanken ist er auch sehr angenehm und schonend für die Füsse zu laufen, allerdings muss man schon ein wenig die Augen vor der Realität verschliessen und seinen Blick ausschliesslich nach links zum Meer richten, denn rechter Hand sind über kilometerlange Abschnitte hässliche, leerstehende Glas-Beton-Burgen aus dem Boden gestampft worden und den Baukränen nach zu urteilen scheint dieser Bau-Wahnsinn weiterhin ungebrochen. Ein Jammer!

Als Gegensatz dazu stehen in Vila Châ die kleinen, geduckten, bunten Fischerhäuschen am Strand, hier scheint die Zeit noch stehengeblieben zu sein. Es geht geruhsam zu, Fischer reparieren ihre Netze, Frauen stehen in Grüppchen zusammen, alle grüssen mich, als ich vorbeigehe.

Eingangs des Städtchens Vila do Conde beindruckt mich das gewaltige Mosteiro de Santa Clara, ein ehemaliges Karmelitinnenkloster, auf das man beim Überqueren des Flusses Ava direkt zuläuft. Hinter dem Kloster endet ein 7 Kilometer langes römisches Aquädukt, das, so mein Reiseführer, aus 999 Bögen besteht. Mir ist jedoch nicht nach einer eingehenden Besichtigung zumute, sondern ich biege stattdessen ab zur Marina, in der der Nachbau einer portugiesischen Karavelle, bzw. eines grösseren „Naos" („Schiff") liegt, mit dem die Entdecker seinerzeit über die Weltmeere gesegelt sind und der mich sehr fasziniert. Hier lege ich eine kleine Pause ein und verliere prompt den offiziellen Jakobsweg wohl etwas aus den Augen. Ich sehe momentan zwar keine gelben Pfeile mehr, doch grundsätzlich kann man sich hier nicht verlaufen, immer daran denken, dass das Meer links in Laufrichtung sein muss, dann kommt man früher oder später, in diesem Fall etwas später wegen meines kleinen Umwegs zur Marina, wieder auf den markierten Camino zurück.

Nach über vier Stunden und laut meiner App gut 12 zurückgelegten Kilometern, in Wirklichkeit also einigen mehr, komme ich nach Póvoa de Varzim, ein Städtchen mittlerer Grösse mit knapp 70'000 Einwohnern, dessen Bauten davon zeugen, dass es eine recht wohlhabende Bevölkerung zu beherbergen scheint. Es ist ein ehemaliges Fischereizentrum und die schönen, breiten Badestrände scheinen beliebt zu sein. Das Städtchen hat im Mittelalter einige Seefahrer und Entdecker hervorgebracht, auch ist man hier sehr stolz auf die Fischer und legendären Lebensretter, derer man mit überdimensionalen Monumenten und Tafeln gedenkt. Hier mache ich meine wohlverdiente Mittagspause mit einer „caldeirada de peixe", einem sehr leckeren Fischeintopf mit frischem Fisch, Meeresfrüchten, Gemüse und Kräutern - das Ganze gibt's zu einem Spottpreis in einem kleinen, etwas versteckt liegenden Restaurant in einer Seitenstrasse. Auch diesmal folge ich meinem Instinkt, den ich in vielen Jahren in Spanien in Bezug auf ausgezeichnetes traditionelles Essen in eher unscheinbar wirkenden, aber vorwiegend von Einheimischen besuchten Lokalen geschult habe und dabei nur sehr selten enttäuscht wurde.

Noch während ich in der Sonne bei angenehmen Temperaturen einen „galão" geniesse, kommen zwei mir sehr bekannte Mitpilger an meinem Tisch vorbei: Petra und Uwe, die sich unterwegs getroffen und die Strecke gemeinsam zurückgelegt haben. Petra wird in Póvoa bleiben und Uwe möchte ihr dabei behilflich sein, die Unterkunft zu finden und das Check-In zu regeln.

Nachdem ich gestern ja nun offensichtlich mehr als die geplanten Durchschnittskilometer pro Etappe zurückgelegt hatte, könnte ich im Prinzip auch hier in Póvoa bleiben, doch ich fühle mich nach diesem ausgezeichneten Mittagessen gestärkt und motiviert, bei dem herrlichen Wetter noch ein Stückchen weiter am Meer entlang zu laufen, ohne jedoch ein konkretes Ziel vor Augen zu haben. Dafür ist es noch zu früh, ich werde in ein, zwei Stunden schauen, wie weit ich noch laufen mag und mir dann eine Unterkunft suchen.

Ich breche also wieder auf und winke bald Petra und Uwe zu, die sich in einer der hier zahlreich vorhandenen und noch geöffneten Strandbars zu einem Mittagessen niedergelassen haben. Auf dem nun folgenden Streckenabschnitt treffe ich einige Mitpilger, die meist in kleinen Gruppen unterwegs sind. Mir ist nicht nach Konversation, ich möchte diesen schönen Tag einfach geniessen, und das ganz allein für mich!

Ein Wegweiser an der Nautico-Strandbar besagt, dass es bis Santiago „nur" noch 223 km seien, was mich erstaunt, denn ich bin immer von knapp 300 km Gesamtstrecke ausgegangen und habe erst ca. 40 km zurückgelegt. Aber abgerechnet wird zum Schluss und in meiner Grobschätzung habe ich auch gelegentliches

Verlaufen sowie eventuelle Umwege eingerechnet, mit weiteren 223 km wird es also vermutlich doch nicht ganz getan und die Kathedrale von Santiago erreicht sein.
Allmählich werden meine Füsse schwer und der Badeort Aguçadoura kommt in Sicht. Geschätzte 4 Kilometer sind es noch bis dahin, also eine weitere Stunde, das schaffe ich noch und dort suche ich mir ein Zimmer.

Meine heutige Erkenntnis: der Körper befiehlt und der Kopf gehorcht! Eindeutig! Schliesslich wollen wir ja am nächsten Tag den Camino fortsetzen. Für mich als Kopfmensch ist das eine Einsicht, die erst einmal verarbeitet und anschliessend auch tatsächlich umgesetzt werden will, was gar nicht so einfach ist. Schliesslich ist es für mich noch sehr ungewohnt, solch weite Strecken mit einigen Kilos auf dem Rücken zurückzulegen, aber bisher fühle ich mich sehr wohl mit meinem Schritttempo und meiner Laufleistung insgesamt. Ich spüre schon sehr genau, wann es Zeit für eine kurze Trinkpause ist, wann ich mal für ein Viertelstündchen den Rucksack ausziehen und mich hinsetzen sollte und wann es angebracht ist, dazu eine Banane oder eine Handvoll Trockenfrüchte zu essen, die ich als einzige Verpflegung mit im Rucksack mitführe. Erstaunt wird mir plötzlich klar, dass ich ganz nebenbei und unbemerkt zuhause in der Schweiz ja permanentes Höhentraining gemacht habe, das mir hier zugutekommt, denn ich stelle fest, dass ich doch trotz meiner 59 Jahre nicht schlecht unterwegs bin und viele deutlich jüngere Mitpilger recht mühelos hinter mir lasse. Auch wenn dies überhaupt keine Rolle spielt, denn es geht nicht um eine sportliche Challenge, um ein schneller oder weiter laufen, so ist es für mich doch sehr motivierend, dies festzustellen.

Kurz vor meiner Ankunft in Aguçadoura holt mich Uwe ein, der Petra an ihrer Herberge abgesetzt und sich auf seinen langen Pilgerbeinen zügig auf den weiteren Weg gemacht hat. Ich berichte ihm von meiner Absicht, das hiesige Guest House aufzusuchen, das angeblich Privatzimmer anbietet und entgegen seiner ursprünglichen Absicht, noch einige Kilometer weiter bis zum Campingplatz zu laufen, begleitet er mich zum Gästehaus. Dort stellt sich heraus, dass zwar noch je eine Hälfte eines Doppelzimmers für Herren und eine für Damen frei sei, aber leider keine Einzelzimmer im eigentlichen Sinne verfügbar seien. Hmmm, was nun? Ein Zimmer mit Petra zu teilen, die ich ja gewissermassen von unserem Facebook-Austausch her schon ein wenig „kannte", war ja eine Sache, aber ein Zimmer mit einem wildfremden Menschen zu teilen, darauf hatte ich heute überhaupt keine Lust, schliesslich hatte ich ja das erste Experiment in dieser Hinsicht erfolgreich bestanden und musste mir nicht nochmals beweisen, dass ich dazu fähig sein würde, trotz der Anwesenheit einer fremden Person in meinem Schlafzimmer, Bett an Bett sozusagen, entspannt und ruhig schlafen zu können. Also weitersuchen, was bleibt mir sonst übrig? Der nette junge Rezeptionist Joao telefoniert für mich mit der Vermieterin von „echten" Privatzimmern und nachdem auch Uwe sich entschlossen hat, hier in Aguçadoura die Nacht zu verbringen, reserviert Joao zwei Zimmer für uns und wir fragen uns zu Senhora Celeste durch. Dummerweise stellt sich heraus, dass sie am entgegengesetzten Ortsausgang wohnt, mindestens 2 km in Richtung Póvoa, von wo wir gerade eben hergekommen sind. Immer nach vorne schauen und nicht zurück, lautet eine Pilgerdevise, und es widerstrebt uns beiden gewaltig, die letzten Kilometer, die ja immer die mühsamsten einer Etappe sind, in entgegengesetzter Richtung noch einmal laufen zu müssen, ganz zu schweigen davon, dass wir dann am nächsten Morgen diesen Streckenabschnitt zum dritten Mal unter den Füssen haben würden. Diese Vorstellung ist nicht sehr erheiternd! Zum nächsten Ort auf der Strecke ist es für meine müden Füsse aber entschieden zu weit, ich mag die mindestens 5 km zum

Campingplatz nicht mehr laufen. Unschlüssig, ob es denn nicht noch eine andere Alternative hier im Ort geben würde, frage ich einen Dorfbewohner, der mir aber auch den Weg zum Ortsausgang weist und behauptet, Senhora Celeste sei wirklich eine gute Adresse. Zögerlich kehren Uwe und ich um und betreten wieder den Holzplankenweg, diesmal Richtung „rückwärts", als uns ein Fahrradfahrer entgegenkommt. Er bemerkt, dass wir wohl ein Problem haben, hält an und fragt, ob er etwas für uns tun könne. JA, uns eine Möglichkeit nennen, wo wir Einzelzimmer für eine Nacht mieten können. Bei Senhora Celeste, kommt es prompt und er zeigt in die uns nun schon bekannte Richtung. Das seien die besten Unterkünfte weit und breit, versichert er mehrmals. Na gut, wir haben verstanden und machen uns nun definitiv auf den Weg zu dieser Senhora.

Gegen 17 Uhr erreichen wir mit brennenden Füssen die an der Praia do André gelegene Unterkunft. An der bezeichneten Hausnummer angekommen empfängt uns lediglich eine verschlossene Tür und ein grosses Schild, auf dem in mehreren Sprachen darum gebeten wird, die angegebene Telefonnummer zu wählen. Na super! Wieso ist hier alles geschlossen? Die Fensterläden des nahe am Strand gelegenen zweistöckigen Gebäudes sind heruntergelassen, die Café-Bar im Erdgeschoss ist ebenfalls in die Saisonpause gegangen, jedenfalls seit gestern geschlossen und uns wird leicht mulmig, denn allmählich sinkt die Sonne tiefer und wie gesagt, meine Füsse sagen schon längst basta!

Aber hat nicht Joao vorhin noch mit der Vermieterin telefoniert? Tatsächlich, die Telefonnummer ist in Betrieb und Senhora Celeste kommt noch während unseres Telefonats mit dem Handy am Ohr aus dem Privathaus nebenan auf das Tor zu. Sie begrüsst uns freundlich, zeigt uns die beiden Zimmer, die viel mehr komplette

Studios mit grossem Schlafraum und eigener Kitchenette sowie einem Duschbad sind. Und das Ganze für nur EU 30.— inklusive Frühstück! Und einen Stempel in den Pilgerpass gibt's auch noch! Ein Volltreffer!

Der Marsch zurück hat sich wirklich gelohnt! Auf der riesigen Dachterrasse können wir unsere verschwitzten und rasch von Hand gewaschenen Laufklamotten zum Trocknen aufhängen und im wenige Meter entfernt direkt am Strand gelegenen Motel erhalten wir kurz vor Sonnenuntergang etwas zu essen und zu trinken. Wir kommen mit einem sehr netten englischen Ehepaar ins Gespräch, das sich vor den Touristenmassen hierher in diese ruhige Einsamkeit zurückgezogen hat. Der Abend klingt bei einem herrlichen Sonnenuntergang im Meer aus.

Eine weitere wichtige Erkenntnis notiere ich im Stillen für mich: vertraue deinem Instinkt und der Tatsache, dass der Camino dir wirklich das gibt, was du brauchst: ein Dach über dem Kopf, eine heisse Dusche nach den Strapazen des Tages, etwas zu Essen und ein sauberes Bett, that's it! Und dass Opferbereitschaft durchaus auch belohnt wird, denn diese brauchte es wirklich, um mich wieder auf den Weg zurück zu machen, auch, wenn es nicht einmal ganze zwei Kilometer waren... Motivationsschub für morgen, gell, Schweinehund?!?

2.10.
❔ Tag 3 Aguçadoura-Marinhas 17 km (21) km ❔

Auch dieser Tag beginnt nach einer wirklich erholsamen Nacht um viertel vor 8 Uhr mit einem sehr liebevoll hergerichteten Frühstück mit vielen hausgemachten Leckereien wie Marmelade und selbstgebackenem Kuchen sowie frischen Feigen vom eigenen Baum. So gestärkt starten Uwe und ich bei schönstem Wetter und erstmals ohne Morgennebel auf dem nahegelegenen Strandweg in Richtung Marinhas, meinem für heute angepeilten Etappenziel. Obwohl Uwes Lauftempo normalerweise deutlich höher ist als meines ergibt es sich, dass wir diese Tagesetappe gemeinsam laufen. Für einmal geht es nicht direkt am Meer entlang, sondern bald führt uns der nigelnagelneu angelegte Holzplankenweg durch weitläufige Gemüsefelder und kleine, nicht vom Tourismus geprägte Dörfchen mit freundlichen Bewohnern, die uns fast ausnahmslos einen guten Weg wünschen.

Vorbeiziehende Pilger gehören zu ihrem Alltag, die mehr oder weniger leidend aussehenden, rucksackschleppenden Wanderer sind für sie ein gewohnter Anblick.

Wir sind in unsere Gespräche vertieft, stellen dabei fest, dass wir ganz ähnliche Verluste erlebt haben. So starb auch Uwes jüngster Bruder vor vielen Jahren bei einem Verkehrsunfall und wir können sehr gut nachvollziehen, was im anderen jeweils gerade vorgeht. Auch für ihn gibt es diese individuelle Zeitrechnung „vorher - nachher", die auch ich gut kenne. Und dass man innerhalb der Familie niemals wirklich mit einem solch schrecklichen Verlust fertig wird, dass der Tod eines Sohnes und Bruders, einer Tochter und Schwester nie wirklich ganz verarbeitet werden kann, ganz einfach, weil er der natürlichen Chronologie zuwiderläuft und schon alleine deshalb schwer zu akzeptieren ist. Wir stellen beide fest, dass die Zeit eben nicht alle Wunden heilt, sondern lediglich dabei hilft, mit dem Schmerz zu leben. Und dass dieser jederzeit wieder unverhofft auftreten und uns für eine Weile beherrschen kann. Die Jahre haben mich aber gelehrt, dass dieser Schmerz irgendwann auch wieder tiefer auf den Grund meiner Seele sinkt, nicht mehr permanent seine spitzen Klauen ausgefahren hält, mit denen er mich lange Zeit völlig wehrlos in seiner Gewalt hatte, sondern dass er tatsächlich gnädiger und milder wird, jedenfalls bis zum nächsten unverhofften Auftauchen. Diesen Schmerz vergleiche ich mit einem Vulkan, der nach seinem ersten völlig unerwarteten und verheerenden Ausbruch, mit dem er alles um mich herum, nicht zuletzt mich selbst, zuerst einmal vollkommen lahmgelegt hatte, der sich dann im Laufe der Zeit zurückgezogen hat und vor sich hinschlummert, gelegentlich einmal grollt, nie ganz zur Ruhe kommt und immer wieder einmal ausbrechen kann. Sich vor einem solchen Ausbruch zu schützen oder ihn gar vorherzusehen ist kaum möglich. Einzig die durch langjährige Erfahrung im Umgang damit erworbene Gewissheit, dass der Ausbruch wieder vorbeigehen wird, lässt mich den unweigerlichen nächsten aushalten.

In Apulia, einem stillen kleinen Dörfchen bietet ein junger ‚Pilgerengel' in seinem neuen „pilgrim's stop" Getränke, eine Ruhebank und die Möglichkeit des Handyaufladens an. Wir machen eine kurze Rast und erhalten hier unseren ersten Stempel des Tages (ich vergesse ob all der vielen Eindrücke noch immer glatt, in Bars und Hostales danach zu fragen...).

Heute fällt mir besonders die Vielzahl verschieden gestalteter gelber Pfeile auf: in Stein gemeisselte, auf den Boden gemalte, auf Holzschildern angebrachte und an Bäume genagelte, an Mauern von Privathäusern befestigte neue oder verwitterte Pfeile auf blauem Grund und ich fotografiere, was das Zeug hält.

Weiter geht's kilometerweit über Asphaltstrassen und Brücken, durch schöne Eukalyptuswaldabschnitte auf sandigen Pfaden bis Esposende, wo wir in einem kleinen Café ein sehr leckeres Mittagessen inkl. Kuchen geniessen und uns für die letzte Etappe des heutigen Tages stärken. Es ist sehr warm, wir überqueren den Rio Cávado, der hier in den Atlantik mündet und laufen vorbei an wunderschönen breiten Sandstränden, auf Holzplanken durch ausgedehnte Pinienwälder, bis wir schon kurz nach 15 Uhr Marinhas erreichen, meine angepeiltes Tagesziel. Meine Füsse bzw. mein ganzer Körper signalisiert mir, dass das heutige Tempo recht forsch war und ich es daher für heute gut sein lassen soll. Ich folge dem Signal aufs gehorsamste, Uwe hat die Absicht, angesichts der frühen Nachmittagsstunde noch einige Stunden zu laufen und begleitet mich noch kurz zur empfohlenen Herberge in diesem Ort.

Und auch diesmal will es der Zu-Fall, dass wir bei unserer Suche nach besagter Unterkunft unterwegs eine

Senhora ansprechen, die uns hocherfreut über willkommene Gäste eine grosszügige Wohnung mit einem sehr gepflegten Garten zur Verfügung stellt- herrlich!!! Uwe ändert angesichts dieses Paradieses seine Pläne, wir mieten für EU 15.- pro Person die grosse Wohnung, jeder erhält ein Doppelzimmer zur Einzelbenutzung, ein drittes grosses Zimmer bleibt für eventuell später noch hereinschneiende Mitpilger frei, zwei Duschbäder, zu unserer freien Verfügung steht ausserdem eine geräumige und komplett ausgestattete Küche mit Waschmaschine, die wir sogleich mit unseren verschwitzten Klamotten füttern, welche wir später im schönen Garten an der Sonne zum Trocknen aufhängen. Unglaublich! Füsse hoch und im Garten chillen ist Entspannung pur! Uwe besorgt im nahegelegenen Supermarkt sein isotonisches Kaltgetränk (Bier) und hat sich inzwischen eine von mir empfohlene Verdünnung mit Limonade ebenfalls angewöhnt. Dazu gibt's salzige Snacks, schliesslich haben wir einen schweisstreibenden Marsch von über 20 Kilometern hinter uns. Ein geöffnetes Restaurant scheint es hier nicht zu geben, egal, gegen Abend geniessen wir in der Bar um die Ecke eine „tosta", einen gebutterten Toast mit Käste und Wurst, sowie ein weiteres Kaltgetränk, diesmal unverdünnt, und machen tatsächlich doch noch einen Spaziergang an den Strand, wo wir für diese neuerliche Mühe, die Füsse noch einmal einige hundert Meter zu bewegen, mit einem unvergesslichen Sonnenuntergang belohnt werde.Ich wiederhole mich gerne: Opferbereitschaft wird auf dem Camino wirklich belohnt! Ich falle todmüde ins Bett, meinen Tolino, den ich vor meiner Abreise noch mit neuen e-Books aufgeladen hatte, brauche ich heute erst gar nicht aus dem Rucksack zu kramen, mir fielen schon gestern Abend die Augen zu, bevor ich nur eine

Seite gelesen hatte. Aber so darf das sein, alles ist bestens!!

3.10.
👣 Tag 4: Marinhas – Viana do Castelo (gut 20 km) und Steigungen 👣

Nach einer erneut sehr erholsamen Nacht stelle ich morgens erstaunt fest, wie fit und erholt ich mich trotz der vorangegangenen Strapazen fühle. Es ist wirklich unerlässlich, auf seinen Körper zu hören, erste, kleinste Warnzeichen wahrzunehmen und ihm die benötigten Pausen zu gewähren, wenn der Camino gut und einigermassen schmerzfrei verlaufen soll. Frühstück gibt's heute um 8.00h in der nahegelegenen Bar, ein warmer Toast mit Käse und Aufschnitt sowie ein Früchtetee reichen, dann Rucksack auf und los geht's.

Meine heutige Erfahrung wird zeigen, dass der Camino den Pilger mit seinen eigenen Schwächen konfrontiert, ihm aber auch gleichzeitig die Chance gibt, diese zu überwinden. Im abendlichen Gespräch mit Uwe erfuhr ich gestern nämlich noch ganz nebenbei, dass auf der heutigen Etappe die Überquerung eines Flusses auf einer schmalen steinernen Brücke ohne Geländer auf uns wartet. Na super, das kann ich ja kaum erwarten, denn ich bin nicht ganz schwindelfrei!

Heute steht meinem bereits zig-fach caminoerprobten Mitpilger Uwe und mir eine dank zahlreicher Steigungen und extrem grobsteiniger Waldwege wirklich anstrengende Etappe bevor, die aber landschaftlich sehr reizvoll und abwechslungsreich etwas abseits der Küste ausschliesslich im Landesinneren verläuft. Nach bisher drei vorwiegend am Meer entlangführenden Streckenabschnitten ist dies nun eine neuartige Erfahrung, ich vermisse das Rauschen des Meeres, den salzigen Geruch und das Möwengekreische auch schon bald und sehne es wieder herbei.

Ich erfahre gleich zu Beginn des Tages eine vielerorts aufgeschnappte und offensichtlich zutreffende Pilgerweisheit am eigenen Körper: das erste Drittel des Caminos bricht den Körper, das zweite Drittel bricht den Geist und das letzte Drittel setzt alles neu zusammen. Ich bin offensichtlich noch im ERSTEN Drittel...

Meine Füsse schmerzen schon bald auf diesem ungewohnten, sehr unregelmässig holprigen und keinesfalls mit dem in Deutschland oder der Schweiz üblichen flachen Kopfsteinpflaster zu vergleichenden Naturpflaster der portugiesischen Dorfstrassen. Das Balancieren auf und zwischen den Steinen und das Stochern mit meinen Wanderstöcken, um nicht auszurutschen, erfordert nicht nur körperliche Anstrengungen, sondern auch höchste Konzentration. Es sind daher immer mal einige kurze Pausen angesagt, um Kopf und Füsse zu entlasten. Zum Nachdenken komme ich in diesen Stunden kaum.

Sobald die Strecke eben wird, lassen jedoch wieder angeregte Gespräche die Zeit im Nu vergehen, nach einigen Kilometern holen wir uns unseren ersten Stempel auf dieser Etappe und geniessen es, abseits der Touristensiedlungen durch kleine Dörfchen unterwegs zu sein. Vielerorts scheint es, als sei die Zeit langsamer als anderswo vergangen, das Leben plätschert hier in geruhsamer Weise vor sich hin, Stress und Hektik scheinen Fremdwörter zu sein, die Bewohner haben Zeit, miteinander zu plaudern und schenken auch uns Pilgern einen freundlichen Gruss, ein Wort, sie nehmen uns wirklich noch wahr.

Es sind heute mehr Mitpilger unterwegs, man trifft immer mal wieder auf dieselben Gesichter, kommt kurz oder länger miteinander ins Gespräch, gibt einander Tipps oder wünscht einen ‚bom caminho'. Angenehme, unkomplizierte Begegnungen auf dem Weg, die uns alle auf eine gewisse Weise miteinander verbinden, geprägt von Hilfsbereitschaft und Solidarität. Dieses unbestimmte, aber sehr schöne Gefühl der Verbundenheit tut gut und erfüllt ganz offensichtlich ein seelisches Bedürfnis vieler, die hier unterwegs sind. So dürfte es auch im Alltag vermehrt sein, wo unserer Gesellschaft inzwischen eben dieses Gefühl der Verbundenheit verlorenen gegangen scheint...

Im kleinen Ort Antas gefällt uns das auf der Strecke liegende Guesthouse gleichen Namens sehr gut, wir schauen neugierig in das geöffnete Hoftor und rufen damit den Besitzer auf den Plan, der sich, sehr geschmeichelt ob unseres Interesses, sofort berufen fühlt, uns eine Führung durch das von seinen Grosseltern geerbte und von ihm sehr geschmackvoll umgebaute Gebäude, ein ehemaliges Bauernhaus mit Stallungen, anzubieten. Natürlich lassen wir uns das wunderschöne Gästehaus zeigen, für uns ist es allerdings noch zu früh, ein Zimmer für die Nacht zu reservieren, wirklich schade! Seine Frau Raquel bietet uns stattdessen wortreich an, bei ihrer Freundin Eva in Viana do Castelo zwei Zimmer zu buchen, nachdem sie erfahren hat, dass diese Stadt unser Tagesziel sein soll. Gerne nehmen wir ihr Angebot an und erstmals weiss ich nun schon mittags, wo ich am Abend übernachten und zur Ruhe kommen werde - ein neues Gefühl, aber keineswegs ein unangenehmes. Hier zeigt sich mir wohl doch, dass Spontaneität zwar wunderbar ist und mir ein Gefühl von Freiheit und Ungebunden sein, von Sich-Treiben-lassen vermittelt, ich aber ein gewisses Sicherheitsdenken doch nicht völlig abgestreift habe. Jedenfalls finde ich es sehr beruhigend, zu wissen, dass irgendwo für mich ein Zimmer reserviert ist und so kann ich meine Energie und Gedanken auf den Weg dahin konzentrieren.

Aaaah ja: das ist nun der „geländerlos zu überquerende Fluss": auf halber Stecke, nach etwa 10 km, kommen wir nach einer Biegung tatsächlich an den Fluss Neiva, momentan eher ein ruhiges kleineres Gewässer, das wir auf groben, als Brücke aneinandergefügten Steinplatten ohne seitliche Geländer überqueren. Glücklicherweise führt das Flüsschen kein Hochwasser, mir schlottern auch so bereits die Knie, mehr brauche ich an Herausforderung für heute nicht. Später, nach den Regenfällen, die Mitte Oktober in dieser Gegend einsetzen würden, sollte ich Fotos in verschiedenen FB-Pilgergruppen sehen, die einen nun doch reissenden und die Steinplatten überschwemmenden Fluss Neiva zeigen, wobei ich mir garantiert einen Umweg gesucht als diesen überquert hätte... Glück gehabt!

Das Mittagessen ist nun mehr als verdient und wir nehmen es in einer kleinen Bar mit einem unglaublichem Geräuschpegel ein, aber wer häufiger in Spanien, Portugal oder auch Italien unterwegs ist und in die Kneipen und Restaurants der einheimischen Bevölkerung einkehrt, weiss, wovon ich rede. Hier wird noch nicht permanent am Handy ‚getöggelt', der Fernseher plärrt vor sich hin, keiner hört ihm zu, alle reden durcheinander- so klingt einfach das ganz normale, intensive LEBEN! Herrlich!

Gestärkt geht es nun weiter und in Vila Nova de Anha machen wir Halt an der offensichtlich frisch renovierten und in neuem Glanz erstrahlenden Pfarrkirche. Diese kleine Kirche mit ihren wunderschönen bunten, sehr modernen Fensterbildern hat es mir angetan, ich hole mir einen Stempel und amüsiere mich anschliessend köstlich über Uwe: der hat inzwischen Bekanntschaft mit einem brasilianischen Velopilger gemacht, dessen Begleiterin in ihrem enganliegenden Dress in schreiendem Pink ihren kurvenreichen Body so sehr betont, dass mein Mitpilger fast vom rechten Weg abkommt und noch während der nächsten Kilometer diese Begegnung der etwas anderen Art wieder und wieder vor seinem geistigen Auge ablaufen lässt. Herrlich! Wir haben viel zusammen gelacht!

In Anha bleiben wir einen Moment am Dorfbrunnen, dem öffentlichen Waschtrog stehen und sehen zu, wie eine Familie ihre Wäsche dort im kalten Wasser wäscht. Ich erinnere mich daran, dass dies in meinem kleinen hessischen Heimatdorf in Deutschland in den Sechziger Jahren auch noch üblich war, seither jedoch haben dort die Waschmaschinen in jedem Haushalt Einzug gehalten und der Dorfbrunnen dient nur noch als Dekoration. Ich frage um Erlaubnis, die Szenerie fotografieren zu dürfen, die mir auch gerne erteilt wird. Der bis dahin auch zu meinem grossen Erstaunen tatkräftig mithelfende Ehemann springt jedoch rasch einige Schritte zur Seite, auf gar keinen Fall möchte er als „Waschmann" abgelichtet werden, das lässt sein Rollenverständnis dann doch noch nicht zu. Nun denn, also nur Ehefrau, Mutter und Kleinkind beim Waschen, ganz so, wie sich das nahtlos auch heutzutage noch ins gesellschaftliche Bild in einem kleinen portugiesischen Dorf einfügt. Schade, denn ich dachte schier, er sei emanzipiert…

Nach einer gefühlten Ewigkeit seit dem Aufbruch am Morgen taucht nun endlich die Wallfahrtskirche Santa Luzia, die nach dem Vorbild der „Sacre Coeur" auf dem Montmartre in Paris errichtet wurde, auf ihrem Hügel hoch über Viana do Castelo auf. Der Weg in die Stadt zieht sich jedoch noch einige Kilometer hin, meine Füsse und mein Rücken schmerzen inzwischen erheblich und ich frage Uwe zum wiederholten Mal: sind wir bald da? (ich komme mir inzwischen vor wie unsere Kinder früher bei den Familienausflügen, wenn sie knapp nach dem Start bereits anfingen und fragten: Mama, Papa, sind wir bald da?) Uwes Antwort: „noch 2 Kilometer'- das sagt er allerdings bereits seit Stunden! Ich bin in dieser Stimmung gar nicht mehr sehr für die Schönheit dieser Stadt empfänglich, will nur noch ankommen, aber dann ist es tatsächlich so weit: über die von Gustave Eiffel (ja genau, der mit dem Turm) entworfene

laaaange grüne Gitterbrücke über den viel Wasser führenden Rio Lima direkt an seiner Mündung in den Atlantik erreichen wir unser Tagesziel, finden nach einigem Suchen auch unsere geschmackvoll eingerichtete Unterkunft in einem der traditionellen Stadthäuser, wo wir schon von Eve, der freundlichen Gastgeberin, erwartet werden. Ich lese irgendwo, dass Viana do Castelo die erste portugiesische Gemeinde ist, die vor über 10 Jahren den Stierkampf mit der Begründung der Tierquälerei abgeschafft hat, dies nur mal als bemerkenswerter Aspekt am Rande.

Auch nach der ersehnten heissen Dusche fühle ich mich heute nicht in der Lage, meinen Füssen noch einen ausgiebigen Rundgang durch Viana zuzumuten, so beschränken wir uns auf die gegenüberliegende kleine Kirche, in der wir aber keinen Stempel erhalten und auf die engen Gässchen in unmittelbarer Nähe des Hostals, zumal es erstmals auf meinem Pilgerweg leicht zu regnen beginnt. Aha, das hatten wir noch nicht! Auch egal, wir kehren im Nieselregen in ein typisches kleines Restaurant ganz ohne Touristen ein, geniessen ein hervorragendes Abendessen mit einem Glas Wein aus lokalem Anbau und lassen uns dabei vor der Übertragung eines Fussballspiels der portugiesischen Liga beschallen. Nach dem köstlichen Essen bewundern wir die Gasse mit den vielen bunten Regenschirmen, die uns nun trockenen Fusses wie unter einem Baldachin in unser Hostal zurückbringen und dann gibt es nur noch eine Option: FÜSSE HOCH!

4.10.
🎒 Tag 5: Viana do Castelo – Vila Praia de Ancora (knapp 20 km)

Unsere nette Gastgeberin Eve hat sich mit dem Frühstück schier selbst übertroffen: pünktlich um 8h, wie bestellt, tischt sie eine selbstgemachte Leckerei nach der anderen auf, Uwe und ich mögen keinesfalls so viel essen, wie sie wohl gehofft hat und so dürfen wir Kuchen und Gebäckstücke sowie etwas Obst als Verpflegung für unterwegs in die Rucksäcke packen. Der Weg soll uns heute bis nach Caminha oder, bestenfalls sogar über den Rio Minho, den portugiesisch-spanischen Grenzfluss, nach A Guarda auf der spanischen Seite führen. Ich freue mich schon riesig darauf, endlich wieder nach Spanien zu kommen, wo ich mich einfach zu Hause fühle...

Nach einer verregneten Nacht, aber bei nun trockenem Wetter machen wir uns auf den Weg zur Wallfahrtskirche Santa Luzia, die hoch über der Stadt thront. Uwe hat mich schon vorgewarnt: der alte „Funicular" (eine der längten Standseilbahnen Portugals) sei um 9.00h noch nicht in Betrieb, daher stelle ich mich seelisch und moralisch schon einmal auf den 500 Stufen umfassenden Aufstieg zum Heiligtum ein. Mit ausgeruhten Füssen stelle ich mir das sogar einigermassen machbar vor.

Der Aufstieg führt an der Talstation der Seilbahn vorbei und siehe da, oh Wunder, unsere Bereitschaft, die Stufen hoch zu stapfen, wird belohnt: die Bahn ist schon in Betrieb und wir steigen als einzige Passagiere natürlich ein. Der frühe Vogel oder so...

Nach einer Fahrt mit herrlichem Blick über die ganze Stadt, den Hafen und den Atlantischen Ozean sind wir um diese Zeit praktisch die einzigen Besucher der schönen Kirche. Es ist still an diesem noch dunstigen Morgen, ich geniesse den fantastischen Rundumblick sehr.

Die kleine Sacre Coeur, wie ich sie bei mir nenne, gefällt mir mit ihrer hellen, freundlichen Ausstrahlung, mit der sie sich wohltuend von den düsteren, völlig überladenen und auf mich meist sehr bedrückend wirkenden katholischen Gotteshäusern abhebt, wie ich sie auf dem camino nur allzu häufig zu sehen bekomme. Sie ist ja noch sehr jung, nur ein Jahr vor meiner eigenen Geburt wurde sie nach 50-jähriger Bauzeit erst 1959 eingeweiht. Mir gefällt das in hellblau gehaltene Deckenfresko über dem Altar ebenso gut wie die wunderschöne Rosette in vorwiegend Blautönen, ich kann meine farbliche Vorliebe für die Farben des Meeres hier wiederfinden. Wir erhalten nach der kurzen Besichtigung unseren Stempel im benachbarten Gebäude, der Pilgerherberge, und beschliessen, den Abstieg in Richtung Küste durch den bewaldeten Hügel hinter der Kirche anzutreten.

Da es in der Nacht geregnet hat, ist natürlich der Waldweg mit seinen teils sehr groben Steinen und schmalen Aquädukt-Wasserleitungen, in Form von bemoosten Mäuerchen, die streckenweise zu begehen sind, da seitlich davon wuchernde Sträucher und Büsche einen möglichen Weg versperren, alles in allem eine ziemliche Herausforderung: wir kommen, gemessen  an unserem sonst üblichen flotten Tempo, nun kaum voran; fernab der lärmigen Zivilisation geht es durch Eukalyptuswälder und dabei über Stock und (Felsge-) Stein, die engen Pfade erfordern ein Gehen im Gänsemarsch, die zu überwindenden Hindernisse wie grosse Baumwurzeln oder grobe Felsbrocken verlangen Konzentration und Geschick, für Gespräche bleiben weder Aufmerksamkeit noch Energie.

Und irgendwann stellen wir fest, dass wir uns wohl verlaufen haben...oha! Schon seit einer Weile sehen wir keine gelben Pfeile mehr, vielleicht sind wir zu sehr mit dem Blick auf den schwierigen Boden gerichtet unterwegs, sodass wir beide eine etwaige Abzweigung verpasst hätten? Nein, es ist viel einfacher: der offizielle Weg führt schlicht nicht durch dieses sehr unwegsame Gelände, für das wir uns entschieden haben, wir sehen auf diesem Abschnitt auch keine anderen Pilger, können also auch niemanden befragen. Was nun? In einem solchen Fall hilft auch Dr. Google nicht weiter, eine detaillierte Outdoor-App habe ich gar nicht auf meinem Handy, wir müssen uns auf unsere Intuition verlassen. Zurückklettern zur Stelle, an der wir vor Ewigkeiten den letzten gelben Pfeil gesehen haben? Auf gar keinen Fall! Das kommt beim Pilgern nicht in Frage, schon gar nicht in diesem Gelände! Nochmals dadurch? Nein, ich streike! Also vorwärts, irgendwo links wird das Meer schon wieder auftauchen und solange Gestrüpp und felsiges Gelände nicht dichter und steiler werden, ist ein Vorwärtskommen ja machbar. Über einen grossen Felsabschnitt muss mir Uwe hinaufhelfen, denn wegen meiner lädierten Hüfte hätte ich diesen nun vermutlich nicht erklimmen können, mit dem immer aufdringlicher werdenden Rucksackgewicht schon gar nicht.

Und siehe da: unser Optimismus wird belohnt, ein altes Aquädukt erscheint, ein gelber verwitterter Pfeil weist uns die Richtung und wir befinden uns tatsächlich irgendwann wieder auf dem richtigen Weg, der uns über Bahngeleise in ein Dörfchen führt. Hier möchte Uwe, der eine bestimmte Bar anpeilt, die er von vorherigen Pilgerreisen kennt, bereits Mittagsrast machen, ich habe nach der inneren Anspannung, die diese Etappe bei mir verursacht hat, das Bedürfnis, doch noch ein wenig weiterzulaufen, um mich zu entspannen und stelle mir vor, im nächsten Dorf in einer Bar oder Cafeteria auf meinen Mitpilger zu warten. Tja, das hatte ich mir so gedacht, doch ich wurde eines Besseren belehrt: die Strecke zum nächsten Dörfchen Afife erweist sich als recht lang, zudem vorwiegend bestehend aus genau dem groben Kopfsteinpflaster, das meine Füsse am Vortag schon so belastet hat. Jeder Fusstritt bereitet Schmerzen. Autsch!

Nach einer Stunde des mühsamen Fuss-vor-Fuss-Setzens mache ich Rast in einem Waldstück, da das seit längerem ausgeschilderte Restaurant partout nicht erscheinen will. Zum Glück sind für solche Fälle immer ausreichend Wasser und eine Tüte mit Trockenfrüchten im Rucksack dabei. Heute habe ich sogar das Glück, am Frühstückstisch ein Stück von Eves Mandelkuchen eingepackt zu haben, lecker! Die kleine Rast gibt mir wieder Energie und Motivation, auf dem ekligen Geholpere weiterzumarschieren, wobei mich die Gewissheit, dass doch bald einmal eine Ansiedlung kommen MUSS, aufrecht hält. Dr. Google hat das ebenfalls bestätigt, dann wird es ja wohl auch so sein!

Und tatsächlich: das Restaurantschild steht vor mir an einer Kreuzung, ich folge ihm und verlasse dabei wieder den mit gelben Pfeilen markierten „richtigen" Weg. Mein Hunger ist nun definitiv grösser als meine Zweifel, ob denn Uwe so überhaupt eine Chance haben kann, mich einzuholen, denn ich habe ihm ja verspochen, im nächsten Dorf auf ihn zu warten. Nun, es soll einfach kommen, wie es kommen soll, er wird seinen Weg gehen und ich meinen und wenn sich unsere Wege noch einmal kreuzen sollen, so wird es auch so sein. Alles darf, nichts muss, daher ist auch nichts zu forcieren oder zu erzwingen, also auch keine SMS mit dem Tenor: „hey, ich bin hier, wo bist du?", das macht auch keinen Sinn, denn wir gehen beide unsere eigenen Pilgerwege....

In dieser ruhigen Gewissheit folge ich dem Knurren meines Magens und spreche im verlassen wirkenden Dörfchen Afife eine nette Engländerin an, die mir bestätigt, dass ich nur noch „5 minutes away" vom Restaurant sei. Sie bietet mir sogar an, mich dort hin zu bringen, was ich aber dankend ablehne, denn fünf Minuten erscheinen mir angesichts der bereits mehrstündigen Plackerei ein „Fliegenschiss" und würde fast gegen meine Pilgerehre gehen. Schliesslich habe ich mir vorgenommen, alles zu Fuss zurückzulegen, sofern irgend machbar! Allerdings habe ich nicht rückgefragt, mit welchem Fortbewegungsmittel sie „only 5 minutes" gemeint hat. Das hätte ich aber besser tun sollen, denn es muss mindestens ein Formel-1-Bolide gewesen sein und bis ich endlich völlig platt und fusslahm in das etwas zu schicke Restaurant purzele, vergeht fast eine weitere halbe Stunde!

Die etwas pikierten Blicke des Kellners ob meiner verschwitzten Klamotten und verdreckten Schuhe geflissentlich ignorierend, nehme ich an einem dreifach eingedeckten Nachbartisch neben einer aufgebrezelten portugiesischen Familie Platz und bestelle wieder einmal die von mir so geliebte Gemüsesuppe und einen gemischten Salat. Da der junge Kellner aus dem benachbarten Spanien kommt, ergibt sich sofort eine kleine Unterhaltung und siehe da, seine etwas arrogante Haltung ändert sich schlagartig, als er mich nach meinem Woher und Wohin befragt, Pilger hat man hier offensichtlich nicht täglich zu Gast, das wundert mich auch nicht, und dabei auch erfährt, dass ich vor vielen Jahren, schon während meiner Studienzeit, als er noch nicht einmal geboren war, bereits sein Dorf Jaen in Andalusien bereist habe ... Ich werde plötzlich äusserst zuvorkommend bedient, der Salat ist eine Mammutportion, die ich leider wegen Eves Mandelkuchen nicht ganz vertilgen mag und ich werde nach dem Essen wortreich mit ausführlichen Wegbeschreibungen zum Küstenweg verabschiedet.

Ich gehe davon aus, dass Uwe mich auf dieser Strecke nun ohnehin nicht mehr einholen wird, da er sicher den durch die Hügel über dieser Ortschaft führenden Weg durch den Wald genommen hat. Nun also gut gestärkt und mit neuer Zuversicht überquere ich die viel befahrene N13, die an der Küste entlangführende Nationalstrasse, um den Strandweg zu suchen, den es hier aber, wie sich herausstellt, noch nicht Form eines befestigten Holzbohlenwegs gibt. Es bleibt mir also nichts anderes übrig, als die nächsten Kilometer am 50 Zentimeter breiten „Fussgängerweg" ohne Schutzplanken direkt an der N13 entlangzulaufen oder alternativ zurück über das Kopfsteinpflaster und oberhalb des Dorfes wieder den Hügelweg zu nehmen! Eine Wahl zwischen Pest und Cholera, wie mir angesichts meiner schmerzenden Füsse erscheint. Ich entscheide mich für die

N13 in der Hoffnung, in dieser frühen Nachmittagsstunde nicht allzu viel Verkehr auf dieser Schnellstrasse anzutreffen!

Offensichtlich bin ich im Übergang vom 1. zum 2. Drittel meines Weges („bricht den Körper, bricht den Geist"), denn ich komme jetzt an meine Grenzen, allerdings nicht nur physischer Art. Mir ist zum Heulen zumute, als mir nach etwa 3 Kilometern nun auch noch ein junger Bauarbeiter am Strassenrand, den ich nach der hier ausgeschilderten Wegvariante zum Strand befrage, empfiehlt, noch etwas weiter der Strasse entlang zu laufen, da dieser Abschnitt am Strand zu unwegsam sei. Ich stelle die Auskunft nicht in Frage, da ich eh keine Kraft und Nerven habe, sie zu überprüfen und womöglich ein unliebsames Experiment an diesem Strandabschnitt eingehen würde, nachdem mir gerade nicht der Sinn steht. Ich drehe mich mehrfach um in der Hoffnung, es möge doch ein Bus am Horizont erscheinen, kalkuliere die Entfernung zur nächsten Bushaltestelle und würde möglicherweise in meiner jetzigen Verfassung meinen Vorsatz, die gesamte Strecke zu Fuss zu laufen, nun erstmals über den Haufen schmeissen. Die Grenze meiner Belastbarkeit ist erreicht. Und weit und breit nur Autos, aber kein einziger Bus in Sicht!

Und wie ein Wunder vibriert es plötzlich in meiner Bauchtasche, bei dem Lärm habe ich das Telefon gar nicht klingeln gehört. Es ist überhaupt das erste Mal, dass mein Handy mich unterwegs darauf aufmerksam macht, dass es auch noch anderen Funktionen beherrscht als fotografieren, simsen und googlen, wo eine mögliche Unterkunft in erreichbarer Nähe sein könnte. Meine Tochter Julia ist am Apparat, ich freue mich riesig, ihre Stimme zu hören, wenngleich ich bei dem Verkehrslärm nicht gut verstehen kann, was sie sagt. Ihre fröhliche Nachfrage „Mami, wie geht's?" und ein, zwei

Anekdoten über die Pferde zu Hause tun gut und versichern mir, dass ich doch nicht ganz alleine auf der Welt bin, wie es mir momentan schier fast scheinen will. Nach dem kurzen Gespräch drängt sich mir wieder der Gedanke auf, dass ich bisher auf meinem Camino immer im richtigen Moment das Richtige erhalten habe („der Camino gibt dir nicht das, was du suchst, sondern das, was du brauchst", heisst es wohl nicht umsonst unter erfahrenen Pilgern, ich erwähnte es bereits), so auch jetzt: kurz vor einem Zusammenbruch baut mich das Telefonat mit Julia so sehr auf, dass es mir anschliessend scheint, auch ohne Bus die nächste Stadt, Vila Praia de Ancora, einigermassen aufrecht gehend erreichen zu können.

Dennoch stelle ich mir auch die Frage, was ich hier mit geschwollenen und brennenden Füssen und mit einem tonnenschweren Rucksack auf dem Rücken, der meine rechte Schulter zerquetscht, in diesem Niemandsland auf einer endlosen Asphaltstrecke überhaupt verloren habe: ich bin an dem Punkt angekommen, in dem ich mein gesamtes Vorhaben in Frage stelle und brauche jetzt gute Antworten, um nicht alles hinzuschmeissen, sondern mich irgendwo am Strand einzuquartieren und die nächsten zwei Wochen keinen weiteren Schritt mehr zu machen. Sollte DAS schon mein ganzes Pilgern gewesen sein? Wegen meiner brennenden Füsse, die ja nicht mal eine einzige Blase haben, und dem blöden Verkehr auf der Schnellstrasse? Die erste ganz grosse Herausforderung auf dem Camino schon nicht bestanden? Und dabei habe ich ja noch Glück, denn es scheint die Sonne, denn schliesslich könnte es ja auch in Strömen regnen! Ich bin mir sicher, bei Regen wäre das Fass schon übergelaufen und ich hätte vermutlich das Handtuch bzw. meine Pilgerstöcke an dieser Stelle hingeworfen! Also bin ich wohl doch nur eine „Schönwetterpilgerin", muss ich mir ziemlich frustriert eingestehen... Kommt es daher, dass ich kein wirkliches Ziel habe, keinen Auftrag, den ich mir mit diesem Camino erfüllen will, keine bedeutenden Lebensfragen, auf die ich mir Antworten während des Weges erhoffe? Nur deshalb pilgern, weil ich es unmittelbar nach dem Verlust des mir am nächsten stehenden Menschen damals, vor 26 Jahren einmal machen wollte? Sozusagen eine offene Rechnung begleichen, nachdem mir das Leben seinerzeit „dazwischengekommen" war?

Nun, es zeigt sich, dass man als Pilger eine recht starke Motivation benötigt, um den Weg, der in nichts einem netten, idyllischen Fernwanderweg ähnelt, tatsächlich auch zu gehen. Der Weg ist das Ziel, das sagt sich so leicht und ist auch so etwas wie der Glaubenssatz unserer Zeit geworden. Stimmt das denn? Ist das wirklich so? Nein, ich denke nicht, denn ich HABE ja zumindest ein augenscheinliches Ziel, und dies als eine freiwillige Selbstverpflichtung: die Kathedrale von Santiago de Compostela zu Fuss zu erreichen. Der Weg dahin ist der Weg zum Ziel, aber nicht das Ziel selbst. Ich formuliere es für mich so: jeder Weg HAT ein Ziel! Und es gibt immer genau zwei Alternativen: aufstehen oder liegenbleiben, aufgeben oder weitergehen. Ist meine Motivation stark genug, um aufzustehen und weiterzugehen? Auf dem Weg habe ich bisher nur Erlebnisse gehabt, die Kraft geben, Zufriedenheit schenken, aus denen wiederum die Motivation entspringt, weiterzumachen. Und nun erlebe ich erstmals Hindernisse auf dem Weg, die demotivieren, Kraft rauben und mich bremsen. Welche Seite der Waagschale wird sich hinunterneigen und sich durchsetzen?

Ich bin gerade nicht in der Lage, weitere Entscheidungen zu treffen und stapfe dumpf und monotonen Schrittes weiter, der ziemlich exakten Wegbeschreibung des Strassenarbeiters folgend und biege tatsächlich irgendwann endlich von diesem engen Fussgängerpfad neben der N13 in Richtung Strand ab. Eine Gruppe von vier völlig erschöpften Engländerinnen kommt mir entgegen, die ich nach dem Strandweg befrage. Der sei da unten irgendwo, meinte die jüngste, die noch halbwegs in der Lage war, aufrecht zu stehen. Es sei eine furchtbar schlechte Etappe gewesen und sie wollten nur noch irgendwie ins nächste Städtchen gelangen, mehr ist nicht aus ihnen herauszubekommen. Hätten sie doch auch den jungen Bauarbeiter nach dem Zustand des Weges gefragt... Die Landessprache oder zumindest eine ihr eng verwandte Sprache zu beherrschen und sich darüber hinaus nicht zu scheuen, Menschen aktiv anzusprechen, ist doch hier abseits des offiziellen Pilgerwegs nicht die schlechteste Kombination. Ich bin also nicht allein in einem Zustand völliger Erschöpfung, wie ich mit einer gewissen Befriedigung feststelle und siehe da, das nimmt mir meine Selbstzweifel und bestärkt mich, doch weiter in Richtung Strandweg zu laufen und nicht alles hinzuschmeissen. Aber bloss weg von dieser Strasse, bevor mir eines der vielen Autos tatsächlich zu nahe kommt...

Endlich zeigt sich das Hinweisschild ‚Praia de Âncora' mit den vertrauten Holzplanken und wird zu einem weiteren dringend benötigten Motivationsschub! Eine Biegung weiter und der Badeort Vila Praia de Ancora taucht auf, wunderschön an einer grossen sandigen Bucht gelegen. Aber immer noch 9 km bis zum angepeilten Tagesziel Caminha... boah nein, das ist too much, das schaffe ich nicht, sagt Körper! Und weil Kopf aber unbedingt heute noch in Spanien ankommen will (wozu eigentlich? Morgen ist doch auch noch ein Tag!), schleppt sich Körper auf müden, schmerzenden Füssen über den Holzweg, der einen Kilometer vor dem Ort endet, ja buchstäblich versandet und das gibt mir angeknacksten Pilgerin für heute den Rest! Liegenbleiben oder weitermachen? Hinter mir, noch ein gutes Stück entfernt, taucht in den Dünen eine grössere Gruppe Mitpilger auf. Weitermachen, sofort! befiehlt Kopf dem

Körper: wenn die dich nämlich jetzt überholen, kannst du dein Zimmer für heute vergessen, hast ja nichts reserviert. Das wirkt! Schnurstracks und auf kürzestem Wege schlurfe ich quer durch den Sand in eine sehr ansprechend aussehende Albergaría direkt an der Uferpromenade, erreiche die Rezeption nur Minuten vor dem Einfall der gut 10-köpfigen Gruppe! Ein Einzelzimmer mit Balkon und Meerblick bitte, ja, für 2 Nächte, ja, wirklich, Abreise erst am Sonntag, denn morgen ist PILGERPAUSE! Der 7. Tag, da muss ich ruhen...
ICH KANN NCHT MEHR! 👣

Irgendjemand muss Mitleid mit mir gehabt und mich als Belohnung für`s Durchhalten dieser elenden Etappe ausgerechnet zu dieser wunderbaren Unterkunft hingeführt haben: wann hat man schon mal einen Blick aus der Badewanne auf die brausenden Wellen des Atlantiks, während sich die müden Pilgerknochen in einem heissen Bad erholen?
Ich habe mich übernommen, stelle ich fest. Ich bin völlig ausgelaugt. So macht das ganze keinen Sinn geschweige denn ein wenig Spass, und es soll ja keine Tortur werden! Unterwegs hatte ich zwar gestern schon Uwe gegenüber erwähnt, dass wir ziemlich forsch unterwegs seien und er ruhig vorbeiziehen dürfe, da er mit seinen langen Beinen ohnehin grössere und weitere Tagesetappen zu laufen gewohnt sei. Aber die Gespräche waren interessant, er ist geblieben und ich habe

mich unbewusst seinem Tempo mehr angepasst als auf mein eigenes zu achten. Das ist die Quittung dafür, dass ich mich selbst aus den Augen verloren habe...

Lektion aus der heutigen Etappe:
Künftige Etappenlängen dem Gelände anpassen bzw. den angepeilten Durchschnitt der Etappenlängen reduzieren! Es geht nicht um eine Challenge gegen mich selbst, es ist kein sportlicher Wettkampf, es ist meine Pilgerreise! Bei zu hohem km-Pensum mit dem inzwischen leider als Bleisack empfundenen Köbi auf dem Rücken bin ich irgendwann zu erschöpft, um noch anderes als meine schmerzenden Füsse und Schultern wahrzunehmen! Mein Kopf MUSS zurückstecken, sonst steigt mein Körper auf die Bremse! VOLLBREMSE! Boa noite!

5.10.
✟ Tag 6: Vila Praia de Ancora – Strand – Ruhetag (6 km)

Ruhetag... Nach dem gestrigen Gewaltmarsch hätte ich nicht erwartet, heute Morgen nach einem knapp 10-stündigen Tiefschlaf dermassen ausgeruht und glatt „fit to compete" aufzuwachen! Meine Füsse haben sich bestens erholt, mir tut nichts weh, „eigentlich" könnte ich meinen Weg direkt fortsetzen. Aber nein, halt, kommt gar nicht in Frage! Auch wenn es so scheint, als hätte die gestrige Etappe kaum Nachwirkungen auf meinen Körper, so hat sie doch in meinem Geist etwas bewegt: ich beschäftige mich erstmals genauer mit dem detaillierten Pilgerführer und gelange bei einem gemütlichen Frühstück an der Strandpromenade unweit meines Hotels zu der Einsicht, nicht stur weiter an diesem von Betonburgen gesäumten Küstenweg festhalten zu müssen. Stattdessen könnte ich mich ruhig auf die als wunderschön und landschaftlich sehr abwechslungsreich, vor allem aber dank des neuen Öko-Velowanderwegs am Rio Minho entlang als sehr verkehrsberuhigte Strecke beschriebene Fortsetzung des Caminos durchs Landesinnere einlassen. Der Gedanke erscheint mir sehr verlockend, die Erinnerung an die nahe in hohem Tempo vorbeirasenden Autos an der Schnellstrasse verursacht mir noch jetzt eine Gänsehaut.

Somit ist der heutige Ruhetag die perfekte Gelegenheit, mich vom Atlantik zu verabschieden. Mal was anderes sehen als immer gleiche Küstenstädte, die leider mehr oder weniger alle gesichtslose Massen-Betonsiedlungen sind, aber ich spüre es, die Musik der rauschenden Atlantikwellen wird mich innerlich begleiten. In der menschenleeren Bucht vor meiner Albergaría mache ich einen langen Strandspaziergang im nassen Sand in den (eis-) kalten Wellenausläufern, meine geschundenen Füsse geniessen diese natürliche Massage sehr. 🐾

Ich liebe dieses Tosen der immer wiederkehrenden Wellen, schon als Kind in den Ferien mit unseren Eltern an der Nordsee musste ich einfach nah am Wasser laufen... Der unverwechselbare Geruch, das Gekreische der Möwen, die donnernden Wellen- ein herrlicher, sehr erholsamer Tag für Körper, Seele und Geist 🐾

Ich schlendere durch den kleinen Badeort, schaue in die recht schlicht ausgestattete Kirche hinein auf der Suche nach dem obligatorischen Stempel für meinen Pilgerpass, den ich aber hier nicht erhalte, dafür aber in einem in der Nähe gelegenen Strassencafé. Hier geniesse ich zudem einen „galão" mit einem „pasteis de nata", einem mit Sahnepudding gefüllten Blätterteigtörtchen, einer portugiesischen Spezialität, der man wirklich kaum widerstehen kann. Völlig ohne Gedanken an einen etwaigen Kalorienüberschuss kann ich solche Leckereien bei einem Tageslaufpensum von annähernd 20 Kilometern hier von Herzen geniessen.

Ohnehin ist es erstaunlich, wie schnell sich mein Körper an diese Tagestruktur gewöhnt hat: aufstehen meist beim Einsetzen des Tageslichts, das ist hier gegen 8 Uhr morgens, in Ruhe frühstücken und gegen 8.45/9.00h in die Tagestappe starten. Eine erste halbstündige Pause nach ca. 2.5 -3 Stunden, eine längere Pause meist gegen 14/15Uhr. Nach der Mittagspause habe ich bisher weitere 2-3 Stunden flotten Marsches angehängt.

Ein Blick auf meine bereits zurückgelegten Etappen verdeutlicht mir, dass ich dadurch meinem ursprünglich einmal ins Auge gefassten Plan erheblich voraus bin und es bieten sich mir zwei Alternativen: dieses Lauftempo und die Etappenlängen beizubehalten, demnach einige Tage früher in Santiago anzukommen und die Strecke nach Fisterre/Muxia anzuhängen ODER die Etappenlängen zu kürzen bzw. auch langsamer zu laufen und mich ausschliesslich auf den camino portugués zu konzentrieren. Der Gedanke, nach dem Erreichen von Santiago noch wieder weiterzulaufen und nur wegen des früheren Ankommens einen weiteren Pilgerweg anzuhängen, fühlt sich nicht stimmig an. Langsameres Laufen ist ebenso wenig eine Option, denn es entspricht mir nicht: ich laufe gerne und daher völlig ungezwungen sehr zügig, sofern es die Beschaffenheit der Strecke auch zulässt, was ich meiner Beinlänge verdanke, die mir vergleichsweise grosse Schritte ermöglicht. Ich beschliesse, weniger lange Etappen zurückzulegen, dabei am frühen Nachmittag, d.h. zur üblichen Mittagsessenszeit in Spanien meine jeweiligen Etappenziele erreicht zu haben und somit den Rest des Tages vor Ort zu geniessen. Zudem ist es tagsüber um die Mittagszeit immer noch sehr warm und die Strecke bietet relativ wenig Schatten. Ausserdem werde ich nach wiederum

4-5 Lauftagen einen weiteren Ruhetag einlegen. So wird die Gesamtstrecke in überschau- und machbare Teilstrecken eingeteilt, die mich körperlich nicht mehr so sehr überfordern sollten und Zeit und Energie übriglassen, um rechts und links des Weges auch einmal einen längeren Blick zu riskieren und wo es mir gefällt, auch mal ein wenig zu verweilen.

Morgen beginnt bereits das 2. Drittel meines Pilgerwegs, ich bin offen und neugierig, aber ohne Erwartung darüber, was es mir bringen (oder abverlangen?) wird...

Ich beschliesse diesen erholsamen Tag, an dem ich dennoch wieder über 6 Kilometer zurückgelegt habe, mit einem ausgiebigen Bad und geniesse dabei den Blick auf einen herrlichen Sonnenuntergang im Meer. Rasch nutze ich das Badewasser noch als Waschbrühe für meine Laufkleidung, die während der Nacht trocknen wird, damit ich morgen in jeder Hinsicht frisch und ausgeruht starten kann.

6.10.
👣 Tag 7: Vila Praia de Ancora – Vila Nova de Cerveira (19 km)

Heute breche ich erstmals auf dem camino ohne Frühstück auf, denn die Albergeria bietet keinerlei Verpflegungsservice und die umliegenden Cafeterias sind um halb neun an diesem Sonntagmorgen noch geschlossen. Ich habe jedoch keine Lust, eine Stunde zu warten und gehe davon aus, im nächst grösseren Ort schon eine „tosta" mit Tee und frischen Orangensaft zu erhalten. Bis Caminha laufe ich weiterhin am Atlantik entlang, der Camino ist hier als „Ecovía do Atlantico" bezeichnet und es ist eine wirklich schöne Naturlandschaft, erstmals nicht durch nüchterne Betonburgen verschandelt. Es ist trüb und windig und keine Menschenseele unterwegs. Gut sechseinhalb Kilometer und eineinhalb Stunden muss ich zurücklegen, bevor ich eine geöffnete Cafeteria finde, wo man mir recht mürrisch ein nicht mehr ganz taufrisches Croissant und einen Tee serviert. Ich halte mich auch nicht lange dort auf, die Gesellschaft der drei Sonntagmorgenmuffel, die an den restlichen Tischen hocken, ist nicht sehr erheiternd und ich ziehe rasch weiter.

Asphalt, soweit das Auge reicht und die Füsse tragen, bis ich an den Rio Coura komme, nach dessen Überquerung ich kurz vor Seixas auf einen schönen bewaldeten Wanderweg stosse. Eine wahre Erholung nicht nur für die Füsse, die Landstrasse hinter mir zu lassen und nun für viele Kilometer auf dem entlang des Grenzflusses Minho angelegten Velo- und Wanderweg, dem schönen, flachen „ecotrail" laufen zu können, wo endlich auch die Gedanken schweifen können, ohne dass ich befürchten muss, vom nächsten Raser neben der Autovia plattgemacht zu werden.

Der grosse, träge dahinfliessende Rio Minho, über 300 Kilometer lang, ist hier in der Nähe der Atlantikmündung sogar schiffbar, die Szenerie mit den vielen, nach beendeter Feriensaison nun vertäuten Booten und Hunderten von Möwen auf dem Wasser wirkt sehr friedlich auf mich und ich geniesse jeden Schritt durch diese herrliche Flusslandschaft. Es beflügelt mich, zu wissen, dass auf der gegenüberliegenden Uferseite Spanien liegt und ich wohl morgen dort ankommen werde. Es ist angenehm warm, zum Glück nicht heiss, denn auf dem Ecotrail gibt es zwar viele Büsche und Pflanzen, jedoch nur wenige schattenspendende Bäume. Diese stehen in Ufernähe am Fluss, unter einem davon mache ich ein wohlverdientes Picknick.

Ein junger Argentinier kommt aus der Gegenrichtung und fragt, ob er sich zu mir setzen und mir ein wenig Gesellschaft leisten dürfe, er sei schon Tage alleine unterwegs und habe nicht viele Pilger getroffen, mit denen er sich unterhalten konnte. Kein Wunder, er läuft ja auch in die Richtung, aus der die meisten Pilger kommen, so ergibt sich kaum eine gemeinsame Wegstrecke. „Eigentlich" will ich lieber meine Ruhe haben, nach dem Strassenlärm der letzten Tage ist das Bedürfnis nach Stille riesengross bei mir, doch ich bringe es nicht übers Herz, ihn wegzuschicken. Jorge, aus der Nähe von Buenos Aires, so stellt sich heraus, ist Anfang 20 und will mit Zelt und fast ohne Geld ganz Europa bereisen. Wie er sich das im Einzelnen vorstellt, weiss er selbst noch nicht, er scheint mir auch einigermassen naiv an das Vorhaben heranzugehen, zumal es ja nun, Anfang Oktober zunehmend kälter wird, je nördlicher er kommt (und dies ist nicht nur auf das Klima bezogen, auch zwischenmenschlich wird er den Temperaturunterschied zu gegebener Zeit sicher feststellen...). Darüber scheint er sich mit seinem kleinen Zelt aber noch keine Gedanken gemacht zu haben. Ich nenne ihm einige Adressen meiner persönlichen Kontakte, von Freunden und Bekannten, die auf seinem Weg durch die verschiedenen europäischen Länder gegebenenfalls Anhaltspunkte und Hilfestellung sein können und staune wirklich über so viel Unbekümmertheit, die offenbar auch heutzutage noch immer ein Privileg der Jugend ist. Wir unterhalten uns sehr angeregt, die Zeit verfliegt und wir verabschieden uns im Wissen, einen schönen, ehrlichen Moment miteinander geteilt zu haben, länder- und generationenübergreifend, und dass uns trotz augenscheinlich grosser Unterschiede doch auch vieles miteinander verbindet. Diese spontanen zwischenmenschlichen Begegnungen ergeben sich häufig auf dem Camino, sofern man dafür aufgeschlossen ist und sie zulässt, sie regen zum Nachdenken an und sind häufig trotz aller Unverbindlichkeit sehr bereichernd. Den Moment leben und ihn geniessen, ganz zwanglos, das tut so gut!

Ich fühle mich ausgeruht und könnte, wie ich meine, noch stundenlang weiterlaufen, heute begleitet von vielen Schmetterlingen, wie schön! Doch ich rufe mir mein mir gegebenes Versprechen ins Gedächtnis, mich nicht schon wieder selbst übertreffen zu wollen und so suche ich mir am frühen Nachmittag in Via Nova de Cerveira eine Unterkunft. Und wieder lacht mein schon sprichwörtliches Glück mit der Pension: das von aussen sehr unscheinbar wirkende 2*-Hostel O Minho Belo entpuppt sich als blitzsaubere, von einem herzlichen älteren Ehepaar geführte Unterkunft, ich erhalte für EU 30.— ein grosses DZ mit ebenso grosszügigem Bad, Terrasse, das Frühstück morgen ist inklusive und die Senhora bekocht mich als ihren einzigen Gast zum Mittagessen dermassen liebevoll und grosszügig, dass sie mir den restlichen Salat in einer Frischhaltedose mit aufs Zimmer geben muss- ich schaffe es beim besten Willen nicht, ihn jetzt aufzuessen...

Die im Netz hinlänglich kursierenden und breitgetretenen Schauermärchen von Bettwanzen & Co kann ich bisher nicht ansatzweise bestätigen, mein extra dünner Sicherheits-Seidenschlafsack ist jedenfalls noch in seiner Originalverpackung in Köbis Tiefen verstaut.

Der heutige Tag hat mir wieder gezeigt, dass es nicht falsch sein KANN, wenn ich fest auf meine Intuition vertraue und entgegen sämtlicher gelber Pfeile und Routenbeschreibungen des ‚Pilgerpapstes' im orangen Büchlein MEINEN Weg auch anders gehe und diese Etappe war ein GESCHENK! Als Bestätigung? Als Belohnung für mein in mich selbst gesetztes Vertrauen, das Erkennen meines Bedürfnisses nach Ruhe und landschaftlicher Schönheit?

Was auch immer: die Entscheidung, den in meinem Kopf von Anfang an fixierten Plan, immer weiter auf dem der Küste entlang führenden Weg zu bleiben bis Baiona, spontan und intuitiv zu kippen und stattdessen entlang des gemächlich dahinfliessenden Grenzflusses Minho noch auf der portugiesischen Seite zu gehen, war schier ein Segen: für meine Füsse, meinen Geist und meine Seele...

Einfach spontan ohne irgendwelche Erwartungen den Moment leben und ihn geniessen, wie er sich gerade bietet, trotz anfänglich gries-grauer Stimmung nicht den Mut verlieren, nur 2 Fussstunden später kann die Welt wieder in den schönsten, intensivsten Farben leuchten... In meinem Alltag kommt dies zu selten noch vor, ist immer weniger möglich. Es fühlt sich schier an wie „noch einmal Kind sein" oder doch mindestens dem Kind in mir näher zu kommen, das ich ohnehin nie ganz aus den Augen verloren habe in meinem fast 60-jährigen Dasein. Es ist ein sehr schönes Gefühl von Unbeschwertheit und Leichtigkeit, das ich hoffe, zumindest ein Stück weit in meinem Alltag hinüberretten zu können, wenn der Camino zu Ende ist.

Und auch heute hatte ich erneut unglaubliches Wetterglück: kühle 15 Grad morgens beim Start, aber weniger feuchten Nebel vom tosenden Meer als bisher und ab dem späten Vormittag nur Sonne und blauer Himmel, nie heiss, sondern eine für die strapazierte Muskulatur perfekte Wärme. Und es sieht tatsächlich so aus, als ob das mitgeschleppte Regenzeug auch während der nächsten Tage ganz unten in Köbis Bauch verstaut bleiben kann...

So, für heute genug, wenn alles gutgeht, bin ich morgen in meiner 2. Heimat, in Spanien, auf die ich mich sehr freue! Aber die herzlichen, gastfreundlichen Menschen hier an der portugiesischen Küste werde ich wirklich vermissen...👣

7.10.
👣 Tag 8: Vila Nova de Cerveira – Tui (18 km)

Gut ausgeruht nach der erholsamen Nacht in dem sehr ruhigen Zimmer bediene ich mich an einem liebevoll hergerichteten Frühstücksbuffet in einem geschmackvoll mediterran dekorierten Frühstücksraum, den zu dieser relativ frühen Stunde um halb 9 kaum andere Hotelgäste aufsuchen. Ich habe ohnehin morgens gerne meine Ruhe, doch der allgegenwärtige Fernseher meint, mich unterhalten zu müssen. Ich überhöre geflissentlich die Schreckensmeldungen aus aller Welt und fühle mich hier wie in einem Kokon aus Watte, nicht nur isoliert, sondern auch beschützt und weit ab von allem, was „da draussen" nun ohne mich passiert.

So fällt es mir auch leicht, mich auf die nächste Etappe meines Wegs einzustimmen, die mich ja heute nach Spanien führen soll.

Ich stelle anhand der aktualisierten Entfernungsangabe am ersten Kilometerstein nach Erreichen der Ecovia erstaunt fest, dass es bei meinem bisherigen Tempo und Streckenverlauf nur noch 5 Etappen bis Santiago sein werden. Da hat mein Schrittzähler mich aber mächtig reingelegt und eine Woche lang viel zu stark im Zeug herumgehetzt! Kurz rechne ich nach: diese fünf Etappen werde ich nun in sieben oder acht Abschnitte aufteilen, zumal auch jetzt einige Steigungen eingezeichnet sind und, was wichtiger ist, ich mich noch gar nicht „bereit" für Santiago, für das Ende meines Pilgerweges fühle. Die Tatsache, dass ich mir nicht mehr so viel vornehme, bringt mir Ruhe ... Durch das bewusste Gehen in einem gleichmässigen, zügigen Tempo komme ich mir selbst näher, das spüre ich, bin aber noch weit davon entfernt, bei mir angekommen zu sein. Und endlich kann ich dieses Pilgern geniessen ohne das unbestimmte Gefühl, „irgendwie" gedrängt zu werden!

Sonne, leichter Wind, Vogelgezwitscher und Schmetterlinge, wie leicht und beschwingt läuft es sich hier – wenn nur die rechte Schulter nicht gelegentlich einen kurzen, aber sehr schmerzhaften Impuls aussenden würde... Ignorieren, weitergehen, es ist so schön. Ich nehme plötzlich zahlreiche gigantische Spinnennetze zwischen riesigen Bäumen im Wald bei Reboreda wahr, die meine Aufmerksamkeit fesseln. Spinnen. Grrrrr! Geht gar nicht! Ich habe eine ausgeprägte Arachnophobie, eine grosse Abneigung gegen Spinnen und nun stehe ich hier allein in diesem wunderschönen Wald, der der Vielzahl dieser riesigen Netze nach zu urteilen ganz viele der von mir so verabscheuten Viecher beherbergt. Ein Schauer läuft mir über den Rücken, der erste Impuls ist: weg, bloss weg von hier! Doch die Sonne scheint zwischen den Blättern der Bäume hindurch und auf einmal ändert sich meine Wahrnehmung: ich bestaune diese filigranen Kunstwerke, mein panisches Herzklopfen lässt etwas nach und ich stelle mich selbst vor die Altnative „hinschauen statt wegrennen": kein Mensch ist in der Nähe, der mich bei einer Spinnenattacke oder gar vor einem Spinnenfrass retten würde... Was tun? Sie sind wirklich wunderschön, diese grossen Netze... und durch die Tautröpfchen schillern sie in der Sonne in allen Farben des Regenbogens, wow!

Ganz langsam und vorsichtig nähere ich mich einem von ihnen, dessen Bewohnerin offensichtlich nicht zu Hause ist. Atmen, weiter atmen, tief und ruhig atmen, befehle ich mir! Ich nehme all meinen Mut zusammen und gehe wirklich ganz nah an dieses zarte Kunstwerk heran, meine Hände zittern nicht mehr so sehr, als dass ich nicht ein Foto machen könnte, gewissermassen als Beweisstück dafür, dass ich mich so nahe herangetraut habe, dass ich meinen Horror, meine Angst bzw. vielmehr meinen Ekel, den ich seit einem einschlägigen Erlebnis in meiner Kindheit mit mir herumschleppe, überwunden und das Abenteuer unbeschadet überstanden habe.

Ich bin ganz stolz auf mich selbst und als bei meinem vorsichtigen Rückzug etwas von oben auf meinen Kopf klatscht und sich durch mein Haar bewegt, gerate ich – oh Wunder!- nicht einmal in Panik, schreie auch nicht, sondern bleibe ruhig genug, um dennoch zutiefst erleichtert festzustellen, dass es sich nur um einen grossen Tautropfen handelt, der von einem riesigen Farngewächs herunter auf meinen Kopf getropft ist...

Sich mutig seinen eigenen Ängsten zu stellen, diese auszuhalten und bewusst näher zu beleuchten ist eine nicht ganz einfache Übung, an deren Ende aber oft die Erkenntnis steht, dass diesen bisher viel zu viel Raum und Bedeutung beigemessen wurden. Eine Bedeutung, die den Blick für anderes verstellt, die uns unfrei macht und einschränkt.

Gerade jetzt erinnere ich mich daran, wie verkrampft ich vor Jahren durch den Urwald von Costa Rica getappt bin allein aus Angst, mein grösster Alptraum könnte mich dort erwarten und eine Vogelspinne irgendwo unerwartet auftauchen... Au weia! Beinahe hätte ich mir damit selbst und natürlich auch meiner Familie jenen traumhaften, erlebnisreichen Urlaub kreuz und quer durch das wunderschöne Land verdorben! Meine damalige Angst war unbegründet, sämtliche Lodges und Unterkünfte waren spinnenfrei, nur aus grösserer Entfernung sahen wir eine grosse, und, wie ich mir im Nachhinein selbst eingestehen musste, wunderschön buntschillernde, handtellergrosse Spinne in ihrem Netz am Ufer eines krokodilbewohnten Tümpels... Die heutige Spinnennetz-Erfahrung hat mir ein Stück Freiheit und Unabhängigkeit wiedergeschenkt, ich fühle mich zwar erschöpft, aber zugleich dankbar und motiviert, um meinen Weg leichtfüssig fortzusetzen. Leichtfüssig... soso... Das sieht mein Köbi aber wohl anders, denn er drückt inzwischen sehr ungeschickt und etwas einseitig auf meine rechte Schulter. So mache ich häufiger kurze Pausen, um ihn abzusetzen und meine Schulter etwas zu entlasten und kontrolliere die Gewichtsverteilung im Rucksack, die mir aber sehr gleichmässig vorkommt.

Ich beschliesse, angesichts der doch zumindest psychisch kräftezehrenden Lektion und des zunehmend unangenehmeren Drucks auf meine Schulter eine frühe Mittagspause einzulegen, nachdem ich einige Zeit neben Wiesen und Gemüse-Anpflanzungen und soeben bei São Pedro da Torre über zwei kleine Brücken aus der Römerzeit spaziert bin. Bis dahin bin ich heute kaum einer Menschen- sprich Pilgerseele begegnet, auch in der kleinen Bar in Cristelo Covo kurz vor der spanischen Grenze bei Valença ist es um diese Zeit noch sehr ruhig. Ich frage, ob ich denn bereits einige tapas bekommen kann und der herzliche Betreiber tischt mir eine Köstlichkeit nach der anderen auf: ich geniesse das frische Bauernbrot, Schinken, chorizo und lomo, Käse und Oliven und höre mir seine Geschichte an, denn erstaunlicherweise haben wir im Laufe der Jahre zu unterschiedlichen Zeiten an gleichen Orten gelebt, Erinnerungen an Málaga, Granada und Barcelona werden lebendig. Ich staune, dass das ausgezeichnete und reichhaltige Essen inklusive zweier Getränke und einem café cortado gerade einmal knapp 6 lächerliche EU kosten soll und runde auf 7 Euro auf. Eine schön gestaltete Pilgerkarte mit Vorschlägen für die Gestaltung der weiteren Etappen liegt der Rechnung auch noch bei. Juan, so heisst der Besitzer, drückt mir beim Abschied die Hand und lässt dabei mit einem freundlichen Wunsch einen kleinen Rosenkranz hineingleiten, der mich auf meinem weiteren Weg beschützen soll. Diese Geste berührt mein Herz, ich denke an das Goethe-Zitat: „ es muss von Herzen kommen, was auf Herzen wirken soll" und bei Juan habe ich keinerlei Zweifel, dass diese Geste, seine Wünsche, auch tatsächlich von Herzen kommen und ihre Wirkung nicht verfehlen. Auf meinem weiteren Weg achte ich bewusst darauf, ob ich Juans Rosenkranz in der Tasche meiner Wanderhose trage und kontrolliere dies auch sogar mehrfach täglich. Ja, ich weiss, der Rosenkranz ist nur aus Plastik und ich bin auch nicht katholisch usw., aber die Geste hat mich sehr berührt...

Um die Mittagszeit komme ich durch die Grenzstadt Valença mit ihrer langen historischen Vergangenheit und eindrücklichen Siedlungsgeschichte, von der viele Bauten sowie nicht zuletzt eine gut erhaltene Festungsanlage zeugen. Mir ist jedoch nicht nach Historie und Besichtigung, denn jetzt zieht es mich wirklich hinüber auf die andere Seite des Riu Minho, der nun zum Miño wird und dessen beiden Ufer, das portugiesische und das spanische, durch die gut hundertjährige, stählerne Eisenbahnbrücke miteinander verbunden sind. Es ist ein mit starken Gefühlen einhergehendes emotionales

‚Heimkommen', als ich die Gitterträgerbrücke von Portugal nach Spanien überquere, das glücklicherweise nicht durch das gleichzeitige Durchfahren eines Zuges beeinträchtigt wird.

Trotz all seiner Missstände liebe ich dieses Land einfach aus ganzem Herzen, in dem ich schon Jahre meines Lebens gelebt und die Volksseele dadurch auch etwas eingehender kennengelernt habe.

Adeus Portugal 👋 Ich werde deine lieben, herzlichen und immer hilfsbereiten Menschen in bester Erinnerung behalten ♥👣

Eingangs Tui begrüsst mich das Pilgerdenkmal und ich beschliesse, in dieser sonnigen, auf einem Hügel gelegenen Stadt für heute zu bleiben, meine rechte Schulter begrüsst diese Entscheidung ebenfalls sehr!

Und auch hier lande ich wieder einen Volltreffer mit der Unterkunft: zwei Brüder, Mario und Manuel, haben erst vor 2 Monaten ihr umgebautes Elternhaus als Hostel eröffnet: La Sigrina, zentral, doch ruhig am Rand der Altstadt gelegen, bietet 8 geschmackvoll eingerichtete, blitzsaubere DZ mit eigener Dusche/WC, die zum halben Preis natürlich auch als EZ vergeben werden. Manuel führt mich voller Stolz durch die schönen Gemeinschaftsräume und zeigt mir die grosse Sonnenterrasse, wo ich nach einer entspannenden Dusche ein Sonnenbad nehme und meiner rasch im Handwaschbecken ausgewaschenen Montur beim Trocknen zuschaue.  Freundlichkeit und guter Service wird auch bei kleinem Preis hier grossgeschrieben.

Ich stelle fest, dass mein Körper nach der guten Hälfte der Strecke nun ‚eingelaufen' ist, mein Rücken das Köbi-Gewicht für ca. 4 Stunden gut tragen kann und ich genau spüre, wann die nächste Kurzrast oder längere Pause angesagt ist- und Kopf gehorcht ohne zu verhandeln! Schweinehund hat sich übrigens in eine abgelegene Ecke zurückgezogen, momentan höre und sehe ich ihn nicht, was will er auch sagen: die Landschaft ist ein Traum, der Weg verlief während dieser letzten Tage völlig flach (es kommt aber wohl ab morgen wieder anders, da wird er sicher aufwachen), die wenigen Begegnungen herzlich und herzerwärmend, die kulinarischen Genüsse gibt's hier zu Preisen, die mir jedes Mal die Sprache verschlagen und die rein nach ihrer Lage in Camino-Nähe, den Fotos im Netz, ihrer Verfügbarkeit und dem Preis-/Leistungsverhältnis ausgesuchten Unterkünfte könnten gar nicht besser sein! Es müssen keine 3*, 4* oder 5* -Auszeichnungen sein, die 2*-Hostales sind wahre Entdeckungen und bieten ALLES, was ich mir erhofft habe: ein sauberes Bett, gerne ein eigenes Bad (aber auch die bisherigen 3 Badezimmer, die mit dem jeweiligen Bewohner eines anderen Zimmers zu teilen waren, waren tadellos), Handtücher (ich habe keins dabei) und gerne eine einigermassen ruhige Lage...

Ich bin absolut positiv überrascht, was die Betreiber dieser Unterkünfte hier bieten und allmählich wird mein Weg (von den langen Asphaltstrecken einmal abgesehen, die wirklich auf die Gelenke gehen...) zu einer Genuss-Pilgerreise, wie ich es mir so niemals ausgemalt hätte...

Gerade trifft ein Mitpilger aus Stuttgart hier ein, der heute Morgen im Hotel beim Frühstück am Nebentisch sass und der mich unterwegs mit schnellem Schritt überholt hat. Er hat sich vor dem Einchecken sogar noch eine ausführliche Stadtbesichtigung angetan, während ich mich nach dem angenehmen Sonnenbad auf die Cafés auf der Plaza an der Kathedrale beschränke. Jedem das Seine, jeder geht seinen eigenen Weg. Ich bestelle einen café con leche und bekomme auch hier jeweils ein leckeres Gebäckstück dazu, sodass sich nach 2 cafés das heutige Abendessen erübrigt.

8.10.
Tag 9: Tui – O Porriño (14 km)

Es ist ein Uhr nachts und ich wache auf, weil mir ein stechender Schmerz in der rechten Schulter bis in den Arm hinein ein Weiterschlafen unmöglich macht! OMG, was ist das denn? Köbiiiii! Ich versuche es etwas kläglich und entsprechend vergeblich mit einer einhändigen Massage, die verkrampfte und sogar leicht geschwollene Stelle auf und unter meiner rechten Schulter zu lösen, aber der Schmerz lässt nicht nach. Irgendwo in meinem ziemlich rudimentär ausgestatteten Notfalletui müsste ich wenigstens eine Aspirin-Tablette haben (Madame l'optimiste, die zu Hause ja praktisch nie zu Schmerzmitteln greifen muss, hat nur Aspirin als stärkste Droge und ein Tübchen Bepanthen zur Desinfektion von Schürfwunden dabei, bravooo!) Tatsächlich, ich finde sie und nehme die Tablette in der Hoffnung, dass sie mir den Schmerz ein wenig zu lindern vermag, aber Kopfweh ist halt etwas anderes als eine stechend schmerzende Schulter. Kaltes Wasser auf einem Waschlappen bewirkt so etwas wie kühlende Umschläge, irgendwann döse ich ein, aber es ist ein unruhiger Schlaf, denn sobald ich mein Gewicht auf die rechte Seite verlagere, wache ich auf und der Schmerz ist wieder da. Na klasse, das kann ja heiter werden!

Irgendwann ist diese unangenehme Nacht aber auch vorüber und in Katerstimmung suche ich schon recht früh den Frühstücksraum auf. Neben mir auch diesmal wieder der Mitpilger aus Stuttgart, dem ich auf seine Frage nach meinem Befinden eine ehrliche Antwort gebe: „beschissen"! Ich scheine an einer gar nicht so seltenen Pilgerkrankheit zu leiden, denn mein Tischnachbar kann sehr gut nachvollziehen, was ich ihm beschreibe, da er selbst schon häufiger von dieser Art Schmerzen in der Schulter betroffen gewesen ist. Im Gegensatz zu mir hat er aber auch die wirksameren Medikamente greifbar, er holt einige Tabletten aus seinem Rucksack, die er mir mit dem Wunsch einer raschen Besserung in die Hand drückt und gibt noch einige Tipps zum Rucksackgewicht.

Tja, nun ist guter Rat teuer: trotz Tablette sehe ich mich absolut nicht in der Lage, meinen Köbi zu schultern, allein der Gedanke an sein Gewicht und die vor mir liegende Strecke entmutigt mich völlig. Ich spreche Mario an, der Frühdienst an der Rezeption hat und schildere ihm mein Problem. „Oh, warum nimmst du denn nicht einen Rucksacktransport in Anspruch?", lautet sein Vorschlag. Na ja, weil ein solcher Transport doch erforderlich macht, schon jetzt zu wissen, wie weit und wohin genau ich heute laufen werde und weil dadurch sämtliche Spontaneität flöten geht, die ich sehr schätzen gelernt habe auf diesem Camino. Eine andere Möglichkeit, meinen Weg fortsetzen zu können, sehe ich jedoch auch nicht, denn Bus- oder Zugfahrten schliesse ich kategorisch aus; einige Tage hierzubleiben und auf Besserung zu hoffen, widerstrebt mir ebenfalls. Also wird es wohl oder übel auf einen Gepäcktransport hinauslaufen (ist es nicht einigermassen bemerkenswert, dass ich gerade GESTERN während der schönen Strecke am Fluss entlang einen Deal mit Schweinehund abgeschlossen hatte: Bus/Taxi/Kanu usw. oder auch Rucksacktransport kommen NUR aus medizinisch-gesundheitlichen Gründen als letztes Mittel in Frage, schlechtes Wetter, schlechte Laune, schlechte Etappe oder Anschiss im Allgemeinen zählen NICHT als solche und erlauben den Rückgriff auf diese Hilfsmittel NICHT! Und Schweini hatte zugestimmt!): ich lege anhand von Juans Pilgerkarte, die mir in Bezug auf die tatsächlichen Entfernungsangaben sogar sehr zuverlässig scheint und den von mir in den letzten Tagen zurückgelegten Kilometerzahlen O Porriño als gut erreichbares Etappenziel für heute Nachmittag fest und telefoniere wegen einer Unterkunft. Schliesslich muss ich Köbi ja mit der Angabe einer Lieferadresse versehen, bevor ich diesmal ohne ihn in den Tag starte. Meinen kleinen Tagesrucksack, der bisher nur in Porto und am Pausentag in Vila Praia zum Einsatz gekommen ist, befülle ich mit dem Nötigsten, die Wasserflasche kann ich aussen befestigen, ich hoffe, ich habe alles dabei, denn Köbi sehe ich erst später wieder. OK, die Zimmerreservierung hat geklappt, ich fülle den braunen vorgedruckten Umschlag der Transportfirma Tui Trans mit meiner Abhol- und Lieferadresse aus, lege die geforderten 6 Euro für die Strecke nach O Porriño hinein und übergebe Köbi zu Marios treuen Händen. Es ist ein ganz merkwürdiges Gefühl, erstmals ohne meinen treuen Begleiter loszumarschieren und ich hoffe sehr, dass wir uns am ausgesuchten

Hostal in O Porriño zur verabredeten Zeit unversehrt wiedersehen...

An der ersten Apotheke auf dem Weg (in Spanien ist das Netz wirklich flächendeckend, in jedem kleinen Ort gibt es mindestens eine oder gar mehrere farmacias) kehre ich ein, versorge mich mit Schmerztabletten und Voltadol Forte Salbe und spüre allmählich auch eine wohltuende Wirkung (jede der hier geschätzt 10 Apotheken in jedem Dorf hat im Ladeneingang einen 2x2m grossen Regalständer mit Compeed-Blasenpflastern in allen erdenklichen Grössen platziert und Ibuprofen gibt's hier in Grosspackungen wie andernorts Gummibärchen zu kaufen!).

Ich wandere zwar mit einem zunächst mulmigen, aber zunehmend besser werdenden Gefühl durch die kleine Stadt hinaus durch Wälder und Weinanbaugebiete und stelle fest, dass der Schmerz erträglich ist und es sich ohne schweres Gepäck auf dem Rücken doch sehr leicht und befreit läuft.

Auch hier spiegelt der Camino schlicht den Lebensweg: Probleme, Schwierigkeiten usw. deuten sich oftmals zunächst zaghaft und leise an, es ist nicht immer der grossen Paukenschlag, der die Augen öffnet! Doch diese leisen Zeichen werden von uns nicht wirklich wahrgenommen, nicht gehört, nicht empfunden, weil sie ja eine Reaktion, die Bereitschaft zur Veränderung erfordern würden. Daher muss der Leidensdruck wohl einfach nur gross genug sein, um auch im Leben Ballast abzuwerfen und leichteren Schrittes weiterlaufen zu können.

Ich überhole eine ihrem Guide andächtig lauschende Reisegruppe und überlege, wo ich diese Buspilger schon einmal gesehen habe... ein, zwei Etappen zuvor muss es gewesen sein. Deren Art des Pilgerns geschieht nach dem Motto „ganze Gruppe rein in den Bus, Anfahrt zu einem Ausgangspunkt für den jeweiligen Tag, ganze Gruppe raus aus dem Bus", dann hinter dem Guide her trotten, der das Sehens- und Wissenswerte vermittelt. Fotopause, Picknickpause und nach einigen Kilometern wartet bereits wieder der Bus, um die Gruppe an den weniger idyllischen bzw. schwierigen Streckenabschnitten vorbei zu transportieren, bis es wieder einen Halt an einer Sehenswürdigkeit und etwas darüber zu berichten gibt.

Diese Art des Pilgerns habe ich gestern bei mir noch total verworfen, heute bin ich selbst bereits auf ein Hilfsmittel angewiesen, um meinen Weg überhaupt fortsetzen zu können. Der Camino gibt einem tatsächlich immer genau das, was man braucht, erteilt Lehren dort, wo sie nötig sind und das zudem postwendend! So schnell können grossmäulige Vorhaben zerplatzen wie Seifenblasen und ich denke nun ganz anders als zuvor über all die Pilger, die aus IHREN urpersönlichen Gründen eine oder mehrere Etappen motorisiert zurücklegen oder ihr Gepäck vorausschicken... So schnell belehrt einen der Camino... wumms!

Und ich stelle so ganz nebenbei ausserdem fest, dass ich heute wohl „Camino-Bergfest" habe: es ist genau Halbzeit meines Aufenthaltes und 8 von voraussichtlich 15 Etappen sind auch schon fast geschafft! Eigentlich ein Grund zu jubeln, oder? Dennoch verläuft der Tag etwas trist:
*Triste Etappe
*Tristes Wetter
*Triste Stimmung...

Die Etappe: sie besteht aus viel, viel Asphalt und es tauchen immer mehr Pilgergruppen auf, je näher wir Santiago kommen. Natürlich sollte das keine unerwartete Überraschung sein, aber ich hatte es mir schlicht nicht so ‚urban' und beton-/asphaltlastig vorgestellt, als ich mich auf den Weg machte und bin daher etwas enttäuscht (die Täuschung, der Weg sei vorwiegend idyllisch und landschaftlich eine Augenweide habe ich mir ja selbst zuzuschreiben, nun bin ich ziemlich ernüchtert).

Das Wetter: der Tag beginnt grau-in-grau, nicht einmal kalt, aber dafür setzt nach einer Stunde ein feiner Nieselregen ein. Zu wenig, um ihn als wirklichen Regen zu bezeichnen, zu viel, um nicht die Regenjacke zu tragen. Da es aber um die 20-23 Grad warm und dampfig ist, dauert es nicht lange und ich bin aussen und innen klatschnass... wääääh!

Die Stimmung: ich bin etwas niedergeschlagen, opfere ich doch nun meine vielgepriesene Spontaneität, so lange zu laufen, bis es mir irgendwo gefällt und ich genau dort bleiben möchte, wohl oder übel einer etwas planvolleren Fortsetzung meines Weges mit der Vorausbuchung eines Zimmers (Kopf freut sich, er ist wieder gefragt- noch einer, der sich ein Grinsen nicht verkneifen kann), was sich angesichts der grösser werdenden Pilgerströme gen Santiago hin aber mittlerweile sowieso fast empfiehlt, und Rucksacktransport, solange die Schulter nicht wirklich schmerzfrei ist.

Ich versuche, mich damit zu trösten, dass ich ja meine

Spontaneität während der ersten Hälfte des Weges geniessen und ausleben konnte, stelle aber auch fest, dass man sich Spontaneität auch leisten können muss: nun heisst es eben ‚Gesundheit first‘, meine Idealvorstellungen müssen dahinter zurücktreten.

Und aller Widrigkeiten zum Trotz wird es eine sehr kurzweilige

Etappe mit hie und da auch landschaftlich sehr schönen Abschnitten durch die Weinanbaugebiete um Ribadelouro, mit steinernen Brücken über kleine Flüsschen, alte „hórreos" stehen am Wegrand, ehemalige Getreidespeicher für Feldfrüchte, wie man sie häufig in Nordportugal, Galizien und Asturien zu Gesicht bekommt, ein Dudelsackspieler freut sich über vorbeiziehende Pilger und deren kleine Spenden, und irgendwo unterwegs spricht mich eine sehr nette junge Frau an und fragt, ob wir nicht ein Stückchen gemeinsam weitergehen wollen: ja klar, gerne, ich suche zwar nicht aktiv Kontakt oder Gespräche, weiche ihnen aber auch nicht aus und lehne Kontaktversuche von anderen nicht grundsätzlich ab. Es stellt sich heraus, dass Jana unmittelbar vor dem Start zu ihrem Camino ihre Ausbildung in Psychologie und systemischem Coaching beendet hat und da ich selbst soeben eine Ausbildung als Systemischer Integral- und pferdegestützter Coach absolviert habe, fachsimpeln wir während der nächsten Kilometer und erreichen bei sehr angeregter Unterhaltung das nicht wirklich schöne Städtchen Porriño im Nu...

Die traurigen Reste der soeben abgebauten Marktstände, das nieselige Grau des Wetters und der Gebäude und die aufgeweichten Kartons und sonstigen leeren Verpackungen, die überall den Boden zieren, bieten einen nicht gerade einladenden Anblick. Tapfer marschieren wir weiter, darauf bedacht, nicht auf Obst- und Gemüseresten am Boden

auszurutschen und bald biegen wir in die Strasse ein, in der sich mein Hotel Azul befindet. Es ist erst 13.30h, Jana beschliesst, bereits jetzt ihre Mittagspause einzulegen und anschliessend noch einige Kilometer weiterzulaufen. Ich möchte mein Hotel aufsuchen, hoffe, bereits einchecken zu können, möchte nur noch duschen, meine schmerzende Schulter einreiben und erst danach irgendwo Mittagessen gehen. Wir trennen uns hier, unser gemeinsamer Wegabschnitt ist zu Ende. Ein Austausch unserer Kontaktdaten ist nicht nötig, es war eine sehr bereichernde Camino-Begegnung und wenn es so sein soll, werden wir uns irgendwo noch einmal über den Weg laufen, wenn nicht, dann ist es auch gut so. Alles darf, nichts muss...

An der Rezeption des Hostals steht ein einsamer Rucksack: KÖBIIII! Ich freue mich über das Wiedersehen wie ein Kind über den Weihnachtsmann, innerlich war ich wohl doch sehr angespannt, da ich keinerlei Erfahrung mit dem spontan unter mehreren Anbietern ausgewählten Transportservice in puncto Zuverlässigkeit, Pünktlichkeit usw. hatte. Ich bin positiv überrascht, dass die Anlieferung zur vereinbarten Zeit erfolgt ist (die verschiedenen Transportfirmen sichern bei einer Bereitstellung des Gepäcks morgens bis 8.00h an der jeweiligen Rezeption den Pilgern zu, sämtliche Gepäckstücke an den Bestimmungsorten zwischen 14 und 15h auszuliefern). Und anscheinend ist es auf dem Camino tatsächlich noch möglich, Bargeld in einen kleinen Umschlag zu stecken, das dann auch unangetastet seinem Empfänger zugeführt wird, obwohl alle, die an den Gepäcksammelstellen vorbeigehen, wissen, dass sich in jedem Umschlag ein kleiner Geldbetrag befinden muss. Würde dieses ausgeklügelte Transportsystem durch den Diebstahl der Transportbeträge gekippt werden, könnte sich dies äusserst nachteilig auf eine sehr grosse Anzahl Pilger auswirken.

Glücklich, meinen Reisebegleiter wieder bei mir zu haben, beziehe ich das schöne, aber recht kühle Zimmer. Die Heizung ist natürlich nicht eingeschaltet, ein Heizlüfter steht zwar zur Verfügung, der aber nichts als Kaltluft in den Raum bläst. Oh je, so werden meine innen und aussen nassen Klamotten jedenfalls nicht trocknen!

Nach einer heissen Dusche, Schulter und Arm gut mit der schmerzlindernden Salbe eingecremt, frage ich auf dem Weg zu einem Restaurant an der Rezeption nach einer Möglichkeit, warme statt kalte Luft in das kühle Zimmer zu bekommen sprich doch die Heizung einzuschalten. Dies lehnt die etwas mürrische, in eine dicke Jacke gehüllte Besitzerin des Hostals jedoch mit der Begründung ab, es sei noch nicht November und im Oktober müsse sie die Zimmer noch nicht heizen. Ah ja, das schlagende Argument erinnert mich an Studienzeiten, als ich noch Zimmer mietete und auf das Wohlwollen bzw. Kälteempfinden der jeweiligen Vermieter angewiesen war. In meinem Winter 1982/83 in Granada habe ich seinerzeit nicht nur gelernt, was „Frostbeule" in der spanischen Übersetzung heisst, sondern obendrein auch noch, was es ist und wie es sich anfühlt! Nie mehr werde ich das Wort „sabañón" vergessen! Auch bei dieser Dame ist der Verweis auf die niedrigen Aussentemperaturen anstatt Kalendertage als Gradmesser für einen Heizbedarf zwecklos, die Heizung wird nicht angestellt, basta!

OK, ich habe ja einen Föhn im Badezimmer gesehen, meine Klamotten werde ich schon irgendwie antrocknen können...

Das Essen in einem kleinen Restaurant ist ausgezeichnet, die fast schon obligatorische Gemüsesuppe als Bestandteil des Menüs, die ich aber wirklich sehr gerne esse, wärmt von innen und da ich Porriño bei Nieselregen als nicht sehr betrachtenswert empfinde, schlendere ich zurück ins Hostal. Der Föhn aus dem Badezimmer ist übrigens nicht sehr leistungsfähig und nach einer Weile gebe ich es auf, meine feucht-kalten Kleider trocknen zu wollen. Ich drapiere sie auf sämtliche Sitzgelegenheiten im Zimmer und hoffe, dass sie morgen einigermassen trocken sind.

Wenigstens habe ich ein grosses Doppelbett, heisst 4 Kissen und 2 Decken, unter denen ich es mir gemütlich mache, meine nächste Etappe plane, schliesslich muss ich ja Köbis Transport organisieren, und meinen e-Reader habe ich auch nicht vergeblich mitgeschleppt, denn hier kommt er erstmals länger zum Einsatz.

Redondela bzw. Cesantes, ein kleiner, in einer schönen Bucht gelegenen Badeort mit Sandstrand und in überschaubarer, d.h. etwa 14-15 Kilometern, Entfernung soll das Ziel meiner morgigen Etappe werden und das Wetter angeblich auch wieder besser sein.

Und bevor ich einschlafe, erinnert mich ein Stechen in der Schulter daran, sie unbedingt wieder einzureiben und eine Schmerztablette zu nehmen. Morgen werde ich auf jeden Fall auch ohne Köbi laufen müssen, der Schmerz ist noch zu aufdringlich.

9.10.
🐾 Tag 10: O Porriño- Cesantes (16 km)

Tag 10 ? Ja, das glaube ich jedenfalls, ich muss nachrechnen, allmählich kann ich weder das aktuelle Datum noch den jeweiligen Wochentag spontan benennen...ein Zeichen dafür, dass diese meinen Alltag zu Hause mitbestimmenden Faktoren hier völlig in den Hintergrund treten und ich offenbar inzwischen im Erholungsmodus bin.

Das Hotelzimmer war durch die Nacht feuchtkalt und die nassen Klamotten vom Vortag sind auch jetzt am Morgen nicht wirklich getrocknet. Also stopfe ich sie in die Plastiktüte und ab in den Rucksack damit, ich habe ja zum Glück in Tui ‚grosse Wäsche' gemacht und kann daher jetzt aus dem Vollen schöpfen sprich zwischen weiteren zwei Laufsets wählen. Mein ‚Freizeitoutfit', leichte Jeans und Poloshirt, trage ich nun (natürlich immer erst nach dem Duschen!) seit 11 Tagen und was soll ich sagen: es geht noch einigermassen... Oder wird man nach so vielen schweissgetränkten Kilometern immun gegen den eigenen Geruch?! Fliegenschwärme hab' ich noch nicht im Schlepptau und bisher haben sich etwaige Mitpilger auch noch nicht beschwert. Manchen von ihnen sieht mal allerdings an, dass sie schon länger unterwegs sind und offenbar keine Gelegenheit hatten, ihre Kleider auszuwaschen oder dass sie diese Gelegenheit zwar gehabt, aber keinen Gebrauch davon gemacht haben. Je nach seitlichem Abstand beim Überholen riecht es da durchaus auch schon mal recht streng. Ich möchte mir gar nicht vorstellen, welch gesammelter Gemeinschaftsduft in manch einer Herberge mit Massenschlafsaal herrschen mag!

Das Frühstück, mengen- und folglich preismässig gestaffelt zubuchbar, ist wieder einmal mehr als reichlich, obwohl ich nur die „mittlere" Variante gewählt habe.

Hier in Galizien herrschen grosszügige Vorstellungen über die jeweiligen Portionsgrössen und ich kann mir eine Banane und ein Sandwich in meinen Tagesrucksack packen. Ich habe Tee bestellt, die Serviceangestellte zeigt auf eine Wand, die zur Hälfte von oben bis unten mit Teepackungen vollstopft ist, von der gigantischen Sammlung bin ich völlig fasziniert und wähle eine sehr exotische Gute-Laune-Mischung. Kann ja nicht schaden, wenn man etwas lädiert unterwegs ist und einen kleinen Motivationsschub benötigt!

Diesmal ist Köbi beim Abschied nicht alleine im Foyer, vier andere Gepäckstücke leisten ihm Gesellschaft. Tschüss, mein Lieber, hoffentlich bis heute Nachmittag in Cesantes! Nun aber raus aus dieser etwas trostlosen Stadt Porriño, die auch im Licht der aufgehenden Sonne nicht wesentlich schöner wird...

Wohoooooo!!! Ab jetzt wird's zweistellig auf den Kilometersteinen, die die exakte Entfernung bis zur Kathedrale von Santiago anzeigen, vorausgesetzt, Pilger bleibt auf dem markierten Weg!!! Nur noch knapp 100 km 👣 Leider hat ein Volltrottel die Plakette mit der eingravierten Zahl ‚100' herausgebrochen und mitgenommen, die langen enttäuschten Gesichter der vorbeiziehenden Pilger spiegeln sicher auch meine eigene Enttäuschung ob dieser Rücksichtslosigkeit, dieses dummen Verhaltens, denn den Mitpilgern eine solch harmlose Freude zu vermiesen zeugt von einem sehr kleinen Geist.
Egal, die zweistelligen Zahlen haben eine ganz neue Motivationskraft und ich komme rasch voran.

An einer Wand komme ich an einem bunten Grafitti vorbei, das behauptet:
👣 ‚no pain, no glory' oder auf Spanisch und oft als Aufdruck auf T-Shirts gelesen: „sin dolor no hay gloria" 👣: das deutsche „ohne Fleiss kein Preis" ist hier nicht so ausdrucksstark wie die wörtlichere Übersetzung „ohne Schmerzen kein Ruhm": pain, also Schmerzen, hab ich

ja schon, glory, der dazugehörige Ruhm kommt hoffentlich dann auch noch ...

Zunächst jedoch mal wieder Asphalt, Asphalt, Asphalt - lange Zeit laufe ich durch dicht besiedeltes Gebiet. Die ersten blinkenden Warnschilder für Autofahrer an der vielbefahrenen Strasse, an der es für einige Zeit entlang geht, auf überquerende Pilger zu achten und vorsichtig zu fahren, deuten bereits auf zunehmende Pilgerscharen hin. Und tatsächlich, Pilgerschwärme prägen neben eng aufeinanderfolgenden Kilometersteinen das heutige Bild, wie es so „kurz" vor Santiago nicht anders zu erwarten ist, das liest man in jedem Pilgerführer und kann sich darauf einstellen. Mit Ruhe ist es deshalb nicht mehr weit her, aber ich versuche, die aufgeschnappten Wortfetzen einfach vorbeiziehen zu lassen, ohne mich gedanklich damit zu beschäftigen und mich nicht über so manchen Blödsinn, der da verzapft wird, aufzuregen.

Und dann plötzlich wunderschöne Waldabschnitte, Weinanbauflächen, landwirtschaftlich genutztes Land, sandige Wege, gepolstert durch die mit Herbstbeginn grossen Mengen an gefallenen Kiefernnadeln. Es läuft

sich wunderbar, selbst die bemerkenswerten Steigungen sind gut zu bewältigen. Durch Streusiedlungen geht's auf einer alten Römerstrasse sehr zügig voran.

Ich überhole ein nettes älteres Ehepaar, dem ich in den vergangenen Tagen schon häufiger auf dem Camino begegnet bin, er Spanier, sie Deutsche, wie ich dem Akzent nach bereits vermutet hatte, und wir wechseln ein paar Worte. Sie deuten auf meinen kleinen Tagesrucksack und wollen wissen, warum ich ohne Gepäck unterwegs sei und welche Firma sich meines Rucksacks angenommen habe. Es stellt sich heraus, dass sie schon häufig gepilgert sind, dabei aber immer das grosse Gepäck vorausschicken, nie sei etwas schiefgegangen, immer sei der Rucksack vollständig und unversehrt am Zielort angeliefert worden, was mich natürlich im Hinblick auf Köbis Selbständigkeit doch sehr beruhigt.
Als ich ihn heute so einsam zurückliess, konnte Schweinehund nicht schnell genug aus seiner Höhle kommen und ätzte los: ‚ist das gepilgert? Gepäck bequem vorauszuschicken? Jetzt fehlt nur noch Taxi/Bus und was bleibt dann noch?' Nun, in meinem Leben bin ich immer gerne mit leichtem Gepäck unterwegs gewesen. Schon zu Zeiten meiner Dolmetschertätigkeit hat mir ein Aspekt meines Berufs besonders gefallen: mit Block und Stift hatte ich im Prinzip mein komplettes Arbeitsmaterial dabei und konnte loslegen, kein Koffer voller Material, nichts zum Aufbauen, angenehm leichtes Marschgepäck...

Im Laufe eines Lebens sammelt sich jedoch, wenn man keine entsprechende ‚Lebenshygiene' betreibt, viel Ballast an, der irgendwann einmal zum Problem werden kann. Die Schulterprobleme, die mir mein lieber schwerer Köbi bereitet hat, haben mich gezwungen, inne zu halten und umzudisponieren, Ballast abzuwerfen, Lasten abzulegen, LOSZULASSEN, was mich beschwert und mir Probleme bereitet: in meinem Leben können das die Sorgen und Nöte anderer sein, die ich mir im Laufe der Jahre zu eigen gemacht und zu tragen mitgeholfen habe, es kann eine zu früh übernommene (oder auch auferlegte -‚du bist die Ältere, du musst schauen, dass...'-) Dauerverantwortung sein, die irgendwann so schwer wiegt, dass ein Zusammenbruch unausweichlich ist - ja, und es sind auch durchaus liebgewordene Lasten (wie die, immer und jederzeit für die Familie da sein zu wollen, das schöne Gefühl, gebraucht zu werden...), die aber auch ihren Tribut fordern und die es genauer anzuschauen gilt, wenn der Weg gesund und unversehrt fortgesetzt werden soll... Auch einmal NEIN sagen können! Ganz wichtig!

Und beim Nein-Sagen darf ich mich nicht von der Angst leiten lassen, Familie, Freunde oder Hilfesuchende damit vor den Kopf zu stossen oder dass diese es als Ablehnung ihrer Person verstehen könnten. Ehrlich kommunizieren, dass ich persönlich mit diesem oder jenem Anliegen an mich überfordert bin, das ist eine Aufgabe für mich selbst, eine neue Herausforderung. Kaum wird mir dieser Zusammenhang klar, ergibt sich bereits während einer kurzen Bananen-Pause eine erste Gelegenheit zur Umsetzung und ich kann unmittelbar erleben, dass meine offene Kommunikation NICHT als Ablehnung oder Zurückweisung empfunden wird, sondern dass sich daraus ein guter sms-Dialog zu einem Menschen ergibt, den ich seit fast 50! Jahren kenne, mit dem ich die gesamte Gymnasialzeit erlebt habe und den ich gerne auch weiterhin in meinem Leben haben möchte... Dieses Nein-Sagen beschert mir ein Gefühl von Erleichterung und ein zentnerschwerer Brocken löst sich von meiner Seele.

Seit meiner Übersiedlung in die Schweiz bin ich häufig von Menschen umgeben, die nicht offen kommunizieren, was sie denken, sondern stattdessen die sprichwörtliche schweizerische Neutralität leben, sei es an Elternabenden, in Vereinen oder beruflichen Gruppen, alle üben vornehme Zurückhaltung, gegensätzliche Ansichten werden nur sehr moderat, sofern überhaupt, geäussert und im Zweifelsfall wird lieber geschwiegen. Sogar in der erweiterten Familie erlebe ich dies immer und immer wieder. Die hitzigen Diskussionen, die ich gerade aus meiner Zeit in Spanien kannte und die auch im Sinne eines „kein-Blatt-vor-den-Mund-nehmens" mehr meinem eigenen Naturell entspricht, finde ich hier kaum wieder. Das bedeutet für mich eine grosse Umstellung, einhergehend durchaus mit einem gelegentlichen „Mund verbrennen", wenn einer meiner kritischen Leserbriefe nicht überall goutiert wurde, und hat mir gar psychosomatisches Asthma eingebracht, weil ich oft meinte, an Ungesagtem ersticken zu müssen. Andererseits wurde mir bald einmal der Stempel „die Dütsche trouet sich, öppis z'säge" (die Deutsche getraut sich, auch mal den Mund aufzumachen) aufgedrückt, man kam mit Anliegen zu mir, die ich doch bitte am nächsten Elternabend, an der nächsten Sitzung des Dorfvereins, an der nächsten Züchterversammlung zur Sprache bringen möchte, ich wurde regelrecht vor diverse Karren gespannt und liess es zu – bis zum leichten Burnout vor beinahe zehn Jahren... Auch damals habe ich erste Anzeichen nicht wahrgenommen, nicht wahrnehmen wollen, habe sie überhört, übersehen, übergangen, habe dem Kopf mehr Gewicht eingeräumt als der Seele, die sich über meinen Körper Gehör verschaffen wollte. Der jetzige Schulterschmerz mit seinen Folgen erinnert mich stark an die damalige Phase, offensichtlich habe ich doch nicht nachhaltig daraus gelernt bzw. bin dabei, dieselben Fehler zu wiederholen. Danke Köbi, mein lieber Reisebegleiter, dass du mich in den neuerlichen Anfängen darauf hinweist und ich glaube, ich habe verstanden!

Bei Veigadaña und Mos gibt es erstaunliche Steigungen zu überwinden und ich komme auf dem Weg durch schöne Weinanbauten und Wälder schon gegen Mittag in Redondela an. Von der Anhöhe über der Stadt werde ich mit einem atemberaubenden Blick über die Bucht von Vigo, einem geschützten Meeresarm, für manche Strapaze der heutigen Etappe belohnt. Leider sagt mir diese Stadt so gar nichts, Besichtigungen erübrigen sich wohl und ich wandere die restlichen Kilometer weiter nach Cesantes. Hier suche ich meine etwas versteckt liegende private Unterkunft names A Vella auf. Ein Warnschild vor dem bissigen Hund hält mich davon ab, das Hoftor einfach zu öffnen, doch auf mein Klingeln rührt sich nichts… Ah, wenigstens eine Telefonnummer ist angegeben, unter der sich der Besitzer auch sofort meldet. Er kann nicht ganz nachvollziehen, warum sein Angestellter und Betreuer der Ferienwohnungen nicht vor Ort sein sollte und ermutigt mich, doch ins Haus zu gehen, die Hunde seien extrem brav und würden mir garantiert nichts tun. Na denn…hoffen wir's mal! Ich drücke das grosse Tor auf und die beiden Boxer stürmen auf mich zu. Nur ruhig bleiben, sage ich mir, schön weiter atmen… Ich habe grundsätzlich keine Angst vor Hunden, im Gegenteil, ich mag sie gerne, doch beim Eindringen in ein fremdes Grundstück bin ich doch etwas zurückhaltend. Die beiden wollen aber tatsächlich „nur spielen" und beschnuppern mich, der kleinere, ein sehr junger Hund, sogar etwas stürmisch. Ich gehe mit ruhigem Schritt unbeirrt weiter auf die Haustür zu und finde diese unverschlossen. Ich drücke sie auf, die Hunde bleiben vor der Tür stehen, aha, also kommen da Gäste nicht zum ersten Mal in Abwesenheit der Besitzer von aussen herein, das kennen sie also, das ist beruhigend für mich. Und welche Freude: Köbi begrüsst mich wohlbehalten bereits im Eingangsbereich! Der Transport hat auch diesmal problemlos geklappt, die Anlieferung war sogar deutlich früher als angekündigt, klasse! Die Hunde draussen überschlagen sich gerade und bellen wie wild. Eilige Schritte nähern sich und ein atemloser José steht vor mir, der mich überschwänglich begrüsst und sich wortreich für seine Abwesenheit entschuldigt. Es ist ihm gar nicht recht, ausgerechnet in der Zeit den Müll entsorgt zu haben, während ich als Gast mit Reservierung vor der Tür gestanden habe. Kein Thema, José, ich habe es überlebt, das Ganze dauerte nur Minuten und die Hunde haben mich auch nicht gefressen, beruhige ich ihn. Er zeigt mir eifrig das ganze Haus, das aus zwei geschmackvoll eingerichteten Wohnungen besteht, in denen jeweils Einzel- oder Doppelzimmer vermietet werden, die grossen Bäder, den herrlichen Garten mit seinen südländischen Gewächsen. Ich fühle mich sofort sehr wohl und die Aussicht aus meinem schönen Doppelzimmer zur Einzelbenutzung könnte nicht schöner sein: ich schaue über baumbestandene Wiesen hinab auf die grosse, ruhige Bucht von Vigo mit der imposanten Schrägseilbrücke, die sich über die Ría de Vigo spannt und die Orte Redondela und Moana miteinander verbindet. BOAH! Ich weiss gar nicht, was ich sagen soll, denn diese Traumlage war so gar nicht auf den Fotos der Buchungsplattform zu erahnen, auch die Ausstattung übertrifft die dort aufgeführten Details. Grosszügig stehen Getränke und Obst für die Bewohner kostenlos zur Verfügung. Ich genehmige mir ein kaltes Mineralwasser und fühle mich gleich erfrischt. Kein Wunder, denn die Strecke war nicht übermässig anstrengend ohne Köbi und ich bin seit meinem Aufbruch in Porriño nur gut 4 Stunden unterwegs, dazu bei schönstem Wetter... Es ist erst 13.30h, ich packe mein Freizeitoutfit aus und will gerade eine ausgiebige Dusche geniessen, als eine weitere Pilgerin eintrifft, die junge Analena aus Valencia, die rasch die Gemeinschaftstoilette benutzen möchte, bevor ich dann das blitzsaubere grosse Bad für ein Weilchen in Beschlag nehme. Ich höre, wie José ihr nun ebenso wortreich und eifrig Haus und Hof vorführt, er scheint dabei aber

Selbstgespräche zu führen, Antworten erhält er offensichtlich keine. Nachdem ich den Pilgerstaub abgeduscht habe und in meine immer gleichen Freizeitklamotten geschlüpft bin, bitte ich José um Tipps für das Mittagessen. Das Dörfchen Cesantes ist sehr klein, die Saison ist zu Ende, es gibt lediglich zwei Möglichkeiten, sich mittags zu verköstigen und ich folge der Empfehlung eines Restaurants, das zudem am Strand gelegen sein soll. Unterwegs vorbei an gemähten Wiesen und Obstanpflanzungen kommt mir bereits Analena entgegen und fragt mich nach dem Weg zum selben Restaurant, denn sie habe Jose offensichtlich falsch verstanden oder sich an einer Abbiegung falsch orientiert, sie sei jedenfalls nicht weitergekommen, erklärt sie mir. Gemeinsam suchen und finden wir einen versteckten Zugang zum Strand und laufen einige Hundert Meter nebeneinander her im Sand. Sie ist erstmals unterwegs, am Vortag gestartet und möchte ein Kurzpilgern durchziehen, um „es mal gemacht zu haben", und will in insgesamt fünf Tagen bereits Santiago erreicht haben. Na denn, jeder wie er mag.

Das schöne gepflegte Restaurant mit grosser Sonnenterrasse ist noch leer, wir wählen unsere jeweiligen Tische aus, von beiden Seiten besteht weder Bedarf noch Interesse, das Mittagessen gemeinsam einzunehmen, wir haben uns nicht so viel zu sagen und auf Smalltalk hat niemand Lust. Das ist völlig in Ordnung, es ist eine zufällige Begegnung, „ganz nett", die aber diesmal nicht weiter reicht als bis zum Austausch von Belanglosigkeiten und zu nichts verpflichtet.

Es gefällt mir sehr gut hier, ja, der Ort bietet genau DAS, was ich mir erhofft hatte: eine ruhige, wunderschöne Sandbucht, leises Plätschern der Wellen, keine Betonklötze, sondern in die umliegende Hügellandschaft gebaute Ein- und Mehrfamilienhäuser und es ist praktisch menschenleer... Die Feriensaison ist vorbei, es ist jedoch noch schön warm und sonnig, ich empfinde diesen Nachmittag eher als Urlaub denn als Pilgern und geniesse ein erstklassiges Mittagessen mit einem Glas (vielleicht auch zwei...) regionalen Weins, der ganz hervorragend schmeckt.

Der Nachbartisch wird von einer Vierergruppe Segler mittleren Alters besetzt, es ergeben sich tischübergreifende witzige Gespräche mit viel Gelächter.

Plötzlich drängt eine grössere Gruppe Deutscher mit Rollkoffern und Rucksäcken durchs Tor, begleitet von einem Guide, der mir bekannt vorkommt: es ist die „rein in den Bus, raus aus dem Bus"-Gruppe aus Tui! Nach der einigermassen friedlich verlaufenden Zimmervergabe kann der junge Mann etwas durchatmen und während er auf die Rückkehr der Gruppe ins Restaurant zum gemeinsamen Mittagessen wartet, komme ich mit ihm ins Gespräch. In Deutschland als Sohn spanischer Eltern geboren, arbeitet Ramón seit 2 Jahren fest angestellt für ein Reiseunternehmen, das Buspilger durch Frankreich, Portugal und Spanien schaukelt. Das Durchschnittsalter seiner Gäste liege bei ca. 55 Jahren und es reisten vorwiegend Paare gemeinsam, erklärt er mir und findet es dabei sehr gut, dass ich mit meinen einigen Jahren „darüber" meinen Camino völlig alleine durchziehe, ohne exakte Vorausplanung bzw. fixfertigen Reservierungen und dass ich keine Angst habe, als Frau allein unterwegs zu sein. Er stelle zunehmend fest, dass dieser Mut bzw. die Bereitschaft, sich auf Neues, Unbekanntes einzulassen und körperliche Strapazen nicht zu scheuen, bei vielen Menschen, gerade aber bei Frauen bereits ab einem „gewissen Alter", 50+, auf den Pilgerwegen immer seltener vorzufinden sei, stattdessen häuften sich besonders nach dem Erscheinen eines allseits bekannten Buches die bequemeren Busreisen, das rasche Abhaken, Erledigen, Abstempeln, ein „zack, ich war dann mal da-Gepilgere", was einerseits den

Sinn des Pilgerns verwässert, andererseits aber natürlich seinen Job als Guide und damit seinen Lebensunterhalt sichert.

Seine Gruppe trudelt allmählich an den reservierten Tischen ein, das unter Reisegesellschaften durchaus übliche Geplänkel, von wo aus der vermeintlich beste Blick auf die Bucht zu erhaschen ist und wer demzufolge wo sitzen wird, sortiert sich. Ramón, der mir noch rasch einen Tipp zur Unterkunft auf meiner nächsten Station gibt, gesellt sich zu seinen Gästen und kommt gewissenhaft seiner Aufgabe nach, die Abfolge des bestellten Menüs zu übersetzen und Unbekanntes zu erklären.

Nachdem ich meinen Kaffee getrunken und die hier doch etwas höhere Rechnung für ein ausgezeichnetes Menü bezahlt habe, schlendere ich im Sand an der weitläufigen, ruhigen Bucht entlang, geniesse den wunderschönen Ausblick und nehme die Eindrücke eines friedlichen Nachmittags in mich auf. Ich lasse die nächsten Stunden einfach langsam vorüberziehen, Gedanken kommen und gehen wie die sanft plätschernden Wellen am Strand, ohne dass ich ihnen nachhänge und sie zu interpretieren versuche, ohne von dem Drang beherrscht zu werden, allem eine tiefergehende Bedeutung beimessen zu wollen. Achtsamkeit, Bewusstsein, hier empfinde ich plötzlich deutlich, was es heisst, ganz bewusst nur den Augenblick wahrzunehmen. Das erfüllt mich mit tiefer Ruhe und Gelassenheit.

Hierher würde ich sogar gerne einmal kommen und einige Urlaubstage verbringen. Das verlassene kleine Boot im Sand, die riesigen Bäume, die bunten Häuser, all das möchte ich näher kennenlernen, jetzt aber zieht es mich gegen Abend wieder in mein Quartier zu José, Analena und zwei Neuankömmlingen, einem älteren deutschen Ehepaar, zurück. Ich bin völlig überwältigt, dass José nicht nur meine Wäsche gewaschen hat, wie

er mir vor meinem Aufbruch zum Mittagessen anbot, sondern dass er diese auch noch getrocknet, gebügelt und zusammengefaltet vor meiner Zimmertür deponiert hat! Wow! DAS nenn' ich mal Service. Erst beim Frühstück am nächsten Morgen werde ich ihm dafür gebührend danken können, denn mit dem Ehepaar nebenan sind nun alle Mitpilger untergebracht und er ist bereits nach Hause zu seiner Familie gefahren.

Der Sonnenuntergang über der Ría de Vigo ist grandios! Die Lichter der Siedlungen auf beiden Uferseiten leuchten in der Dunkelheit, die Brücke zeichnet sich wie die scharfen Konturen eines Scherenschnitts gegen den orange-gelben Himmel ab.

Meine Schulter habe ich über den Eindrücken des Tages schier vergessen, aber jetzt, da ich daran denke, ist auch der Schmerz wieder fühlbar. Ich beschliesse daher, auch für morgen einen Transport zu buchen, nachdem ich im von Ramón empfohlenen Hotel Rúas in Pontevedra („ruhig und dennoch zentral gelegen" ist mein Wunsch) ein Zimmer reserviert habe. Auf Pontevedra bin ich gespannt, die Stadt soll sehr schön sein, wie mir einige Mitpilger bisher versichert haben, ich werde dort meinen nächsten Pausentag einlegen. Es ist ruhig im Haus, nachdem offenbar alle Mitpilger ihre abendliche Toilette im Bad beendet und die letzten Handgriffe in der Küche verrichtet haben. Ich lösche meine Nachttischlampe ebenfalls und habe trotz leichter Schulterschmerzen keinerlei Probleme, einzuschlafen. Mein letzter Gedanke, bevor mir die Augen zufallen: DANKE DANKE DANKE! Dieser Camino und seine Menschen, das ist einfach unbeschreiblich!

10.10.

👣 Tag 11: Cesantes- Pontevedra (22 km)

Schon früh regen sich in dem Haus mit seinen dünnen Wänden die Mitpilger nebenan, es ist erst 6 Uhr, die Toilettenspülung rauscht, aber es wird zum Glück noch einmal ruhig. Gegen halb 8 stehe ich auf, treffe Analena auf dem Flur, aber wir werden uns rasch bezüglich der Badezimmerbenutzung einig: sie wandert mit Kulturbeutel und Handtuch in das Bad der oberen, heute nicht vermieteten Wohnung, wie José uns das gestern bereits im Falle eines Engpasses angeboten hat. Ich bevorzuge ja bekanntlich Einzelzimmer mit eigenem Bad, stelle aber fest, dass ein Gemeinschaftsbad kein Ausschlusskriterium ist, solange der Rest passt und es Ausweichmöglichkeiten gibt wie hier.

Zusammen mit Analena komme ich an den mit feinstem Porzellan sorgfältig und sehr stilvoll gedeckten Frühstückstisch in das mit dunklem spanischem Mobiliar ausgestatte Wohnzimmer, wo uns diesmal neben José auch der Besitzer des Hauses, Jesús, überschwänglich begrüsst. Die beiden Männer überbieten sich schier, um uns zu verwöhnen und das Frühstück fällt auch hier wieder einmal viel zu üppig aus. Meine deutschen Zimmernachbarn kommen gerade herein, als Analena und ich unser Frühstück bereits beendet haben. Es stellt sich heraus, dass die beiden nicht viel verstehen und ich übersetze ihnen kurz ihre wichtigsten Anliegen an Jesús und José. Den anschliessenden Smalltalk müssen sie allerdings selbst bewältigen, ich möchte den frischen Morgen geniessen und loslaufen. Mit Küsschen rechts und links verabschiede ich mich danach von den netten Betreibern, deponiere Köbi mitsamt Umschlag und neuer Adresse zuversichtlich im Eingang und mache mich kurz vor neun Uhr auf den Weg, noch bevor die

Sonne über der Ría de Vigo und der Bucht von Redondela aufgeht.

Ein wiederum wolkenloser Tag kündigt sich an. Die Schmerzen in meiner Schulter sind zwar spürbar, aber erträglich und ich verabschiede mich mit einem letzten Blick auf die imposante Brücke von diesem wunderschönen, beschaulichen Ort. Ich fühle mich ausgeruht und komme sehr gut voran. An einer Mauer sind hunderte Jakobsmuscheln befestigt, teils mit Landesfähnchen, Visitenkarten oder Aufklebern versehen, ein Zeichen, ein Gruss vorbeiziehender Pilger, die diesen Weg bereits vor mir gemacht haben. Oder haben die unmittelbar vor mir laufenden Massen diese soeben erst angehängt?

Au weia, noch 84 km bis Santiago und der von Eichen gesäumte und wieder einmal grob unregelmässig gepflasterte Weg ist voller Pilgergruppen, ich komme mir vor wie am Wandertag unserer Schule in den Siebziger Jahren! Das kann ja heiter werden! Und bereits wenige Kilometer nach dem Start wird mir klar, welches wohl die heutige Aufgabe bzw. Herausforderung werden wird: ein paar Meter IN RUHE für mich alleine zu gehen und mich nicht nerven, aufregen und aus meiner Konzentration bringen zu lassen... Das dürfte nicht ganz einfach werden, denn der Weg führt zunächst vorwiegend durch bewohntes Gebiet, kleinere und grössere Ortschaften müssen durchquert werden, das bedeutet einmal mehr viel Asphalt und leider auch sehr viel Verkehr. Ich stelle zunehmend fest, wie sehr mich Verkehrslärm im Allgemeinen stresst, bin ihn auch überhaupt nicht mehr gewohnt in unserer Bergidylle zu Hause und ertrage ihn kaum noch.

Und nun diese vielsprachig schnatternden Menschen um mich herum UND dazu überall Autos, au weia, das wird ja eine sehr ansprechende Etappe werden...

Schweini lugt um die Ecke und fragt ganz unschuldig: Taxi gefällig? Das ist doch nicht zum Aushalten, komm, dann sind wir schneller in Pontevedra und da können wir uns ausruhen'! NEIN! KEIN Taxi! Und in einer Grossstadt dürfte der Geräuschpegel mindestens so hoch sein wie zwischen diesen palavernden Pilgern...DU gib sowieso schon mal grad Ruhe! Schweini zuckt beleidigt die Schultern und schweigt fortan! Wenigstens einer, der seine Klappe hält!
Am lautesten unterwegs sind, wie erwartet, die Italienerinnen, gefolgt von zwei Brasilianerinnen, deren Lebensgeschichten ich wohl oder übel von A bis Z mitbekomme (Finnisch verstehe ich übrigens trotz Anstrengung meinerseits absolut nicht, nada, niente), aber dann rangiert bereits ein flott ausschreitender junger Deutscher auf Platz 3, der pro Minute im Durchschnitt 6 Mal ‚megageil' sagt, während er seine hilflos lächelnde Begleiterin über irgendwelche Gebäudeunterschiede von seiner Stadt (ich habe den Anfang nicht mitgekriegt, weiss daher nicht, welche das ist und will jetzt nicht nachfragen) zu den von ihm durchquerten Städten auf dem Camino in voller Lautstärke zutextet, und mich en passant gleich mit! Es gibt, wie ich höre, sehr viele Unterschiede (ah ja? Das hätte ich gar nicht gedacht), die Analyse derselben lasse ich stumm über mich ergehen und da ich in etwa im gleichen Tempo laufe wie er, kann ich seinem Geschwätz nicht einmal ausweichen. Es müsste etwas erfunden werden, um bei Bedarf die Ohren ebenso verschliessen zu können wie die Augen. Damit meine ich nicht Ohropax, das ohnehin

seit Dolmetscherzeiten mein treuer nächtlicher Begleiter ist, sondern einen bewusst einschaltbaren Mechanismus im Körper ...oh, was wäre das heute für ein Segen...

Und der Typ mit der Bananenschale... der stresst mich richtig! Ein älterer Mann, dem Gangbild nach offensichtlich körperlich etwas eingeschränkt (vielleicht als Folge eines Schlaganfalls o.ä.) hält sich über Kilometer hinweg an der Schale seiner aufgegessenen Banane buchstäblich fest: ob er was aus dem Rucksack holen oder die Stöcke in die andere Hand wechseln will, immer wird diese Bananenschale von der einen in die andere Hand und zurück gewechselt. Es ist ja keinesfalls so, dass es nicht zwischenzeitlich einmal Müllcontainer am Weg gegeben hätte oder ... Bananenschalen sind natürlich pflanzlich und kein Plastik...?

Ich verliere ihn aber dann mitsamt seiner Bananenschale für eine Weile aus den Augen. Und plötzlich gelingt es mir doch tatsächlich, durch azyklisches Einlegen von Pausen entgegen des Massentimings eine ganze Weile alleine vor mich hin zu laufen und mir dämmert, dass ich wohl lernen soll, mich nicht über Dinge aufzuregen (Banane, megageile Unterschiede usw.), die absolut nichts mit mir zu tun haben (not my cup of tea), einfach WEGHÖREN, ohne Wertung, ohne Kommentar, und bei MIR bleiben, mich, auch wenn's stressig kommt, auf mich zu besinnen und mir die benötigte Kraft für meinen Weg aus der Ruhe zu holen, die ein solch persönliches Abschotten mir gegen unangenehme, lästige Energiefresser bietet...

Wie das auf dem Camino nun einmal so ist, trifft man sich immer mal wieder und so überhole ich irgendwann auch wieder den Bananenmenschen, den ich kaum wiedererkenne, denn er hat die Bananenschale ENDLICH und tatsächlich entsorgt (ich bin richtig erleichtert und freue mich regelrecht für ihn) und nach einer weiteren Strecke überholte ich den zuvor laut dozierenden Gebäude-Deutschen: er humpelt inzwischen ein wenig, doziert nur noch hie und da und gar nicht mehr so laut und „megageil" sagt er nicht ein einziges Mal. Es ist wohl auch nicht megageil, einer nicht sehr interessiert wirkenden Laien die Unterschiede der spanischen und deutschen Architektur mit Blasen an den Füssen zu erläutern...Ich geniesse dafür die relative Stille an seiner Seite und bin stolz auf mich, nicht meinem ersten Impuls nachgegeben und ihn gefragt zu haben, wo denn sein Abstellknopf sei...

Nach einer Stunde flotten Marsches gelange ich an einen Pilgrim's Stop, eine der nun häufiger vorhandenen Stempelstationen. Ab 100 km bis Santiago müssen die Pilger mindestens 2 Stempel pro Tag einholen, um den Weg glaubhaft nachzuweisen und in Santiago (nach eingehender Überprüfung des Pilgerpasses!) die Pilgerurkunde, die Compostela, im Pilgerbüro der Kathedrale zu erhalten... Es sind mindestens 20 weitere Pilger hier, die ihren Stempel holen, einen Snack oder ein Getränk kaufen, kitschige Souvenirs werden ebenfalls angeboten. Ich sehe zu, dass ich meinen ersten Stempel für heute bekomme und ziehe Leine. Im Gänsemarsch und unter entsprechend vielsprachigem Geschnatter laufen wir hintereinander der vielbefahrenen Nationalstrasse entlang! Kontemplation geht anders! LOVE IT! Grrr!

Eingangs des malerisch am Ausläufer der Bucht von Vigo gelegenen Städtchens Sotomaior überquere ich den Rio Verdugo auf einer mittelalterlichen steinernen Bogenbrücke, an deren Ende ich Analena wiedertreffe, die sich ihre Füsse massiert. Sie sei es wohl doch ein wenig überstürzt angegangen, meint sie etwas gequält, die Füsse täten ihr schon jetzt weh und sie frage sich, wie sie den Weg bis Santiago in der kurzen Zeit schaffen solle. Sie müsse unbedingt auf ihren Körper hören, lautet mein Rat, denn er sei der einzige Gradmesser dafür, wie lange und wie weit sie noch zu laufen im Stande sei. Konkrete Empfehlungen könne ihr da vermutlich niemand geben. Ich wünsche ihr „buen camino", einen guten Weg, und gehe mit zahlreichen Mitpilgern weiter durch Pontesampaio, vorbei an seinen steinernen Häusern und Getreidespeichern, bis der Weg nun kilometerlang durch dicht bewaldete Hügel recht steil ansteigt und aus den groben Felssteinen eines ehemaligen Römerwegs besteht.

Irgendwann verspüre ich ein nur allzu menschliches Bedürfnis, doch weit und breit ist keine Ortschaft in Sicht, nur Pilger, Pilger, Pilger…

Oh je, das kann ja heiter werden, denke ich mir und versuche, nicht an meine zunehmend deutlicher drückende Blase zu denken. Aber wie es nun mal so ist, je mehr ich versuche, mein Bedürfnis zu ignorieren, desto penetranter macht es sich bemerkbar, bis es so aufdringlich wird, dass ich mir abseits des Weges ein vor neugierigen Blicken geschütztes Plätzchen im Gebüsch suchen muss. Leichter gesagt als getan, denn hier sind zunächst nur dichte, meterhohe Dornen oder sehr abschüssige Steilstellen und mein Leben möchte ich hier auch nicht riskieren, dann doch als kleineres Übel halt Zuschauer, was soll's. Ah, wer hätte das gedacht, hier führt doch ein Trampelpfad durchs Gebüsch hin zu einer Mauer, die vor neugierigen Blicken schützt und frau gleichzeitig davor bewahrt, den steilen Hang hinabzufallen, der irgendwo weiter unten in einen trockenen Bachlauf mündet. Dem strengen und durchdringenden Duft nach zu urteilen haben bereits Pilgerscharen vor mir diese öffentliche Toilette benutzt und überall liegen Reste von Toilettenpapier und…, oh nein, das darf nicht wahr sein. In Windeseile tue ich, was ich tun muss und verlasse diesen Ort menschlicher Hinterlassenschaften schleunigst wieder. Ein Toilettenhäuschen hier aufzustellen wird wohl auch in Zukunft nicht möglich sein, denn der Zugang zum regelmässigen Entleeren einer mobilen Toilette ist für ein entsprechendes Fahrzeug gar nicht gegeben. Angesichts der jährlich steigenden Pilgermassen könnte das Fehlen von Toiletten auf langen Streckenabschnitten ohne Ortschaften aber durchaus einmal zum Problem werden, vielleicht sollte man der jeweiligen Junta, der zuständigen Regionalbehörde einmal nahelegen, vor solchen siedlungsfreien Etappen eine letzte öffentliche Toilette im Ort zuvor als solche zu kennzeichnen, die dann aber hoffentlich regelmässig sauber gehalten würde... Bisher habe ich bei den aufgesuchten öffentlichen WCs aber ausnahmslos saubere Einrichtungen vorgefunden, was ich so gar nicht im Vorfeld erwartet hatte. Dennoch: Sagrotan reist im Handgepäck mit!

Und auch auf dieser Etappe treffe ich immer wieder auf ganze Gruppen von Buspilgern, daher ist der Weg auch inzwischen sehr überlaufen. Ich beschliesse, in Vilaboa vom ausgeschilderten Camino abzubiegen und mir eine Bar für eine Tapas-Pause zu suchen, denn das permanente Geschnatter dieser vielen Menschen erschöpft mich und bis Pontevedra sind es noch gut zwei Stunden Marsch.

Zu dieser frühen Stunde um halb eins ist diese kleine Bar oberhalb des Dorfes fast leer, ausser mir ist nur ein Spanier da, der am Tresen sitzt und in der Lokalzeitung blättert. Ich bestelle tapas bestehend aus Schinken, Käse, Tortilla und Oliven und bekomme ein frisches Landbrot dazu, das mir auf der Terrasse am Strassenrand serviert wird. Es herrscht kein Durchgangsverkehr hier und erstmals an diesem Tag ist so etwas wie Ruhe zu spüren, allerdings nur solange, bis ein Lieferwagen direkt vor meinem Tisch hält, der Fahrer herausspringt, in die Bar geht und sein Gefährt mit laufendem Motor vor meinem Tisch brummen lässt. Mit einem grossen Korb kommt er wieder heraus und reisst die Seitentür auf, um diesen mit Waren für die Bar zu füllen. Er macht keinerlei Anstalten, den lärmenden Motor abzustellen, aber ihn stört es unter seinen Ohrhörern vermutlich auch nicht, dass seine Karre einen Höllenlärm veranstaltet und dazu schwarzen Qualm in die Luft bläst. Ich versuche, mir mit Zeichen und lautem Rufen Gehör zu verschaffen, doch vergeblich, der Diesel ist schon etwas älter, hat sicher keinen neueren „TÜV"-Stempel mehr und der junge Mann kann mich nicht hören. Ich stehe auf und tippe ihm auf die Schulter, fast lässt er den Korb fallen vor Schreck, und ich stelle mich schon auf eine Diskussion mit ihm ein. Aber nein, als ich ihn freundlich, aber sehr bestimmt bitte, doch den Motor endlich abzustellen und mich in Ruhe ohne Dieselgestank meine wirklich köstlichen tapas essen zu lassen, entschuldigt er sich sofort für seine Unachtsamkeit und dreht den Schlüssel um. Herrlich, danke!

Und dann, ich traue meinen Augen kaum, legt er mir einen Zehntel Lotterieschein, einen sog. „décimo", für die in Spanien sehr beliebte und mit grossen Gewinnen ausgestattete Weihnachtslotterie als kleine Entschuldigung für die Unannehmlichkeiten auf meinen Tisch, begleitet von dem Wunsch, dass diese Zahlen „gesungen" werden mögen. Die Gewinnzahlen der „Lotería de Navidad" werden am 22. Dezember gezogen und laut von Kindern während der stundenlangen Übertragung im spanischen Fernsehen „gesungen", el Gordo, der millionenschwere „Dicke", der Hauptpreis machte in der Vergangenheit ganze Dörfer und Regionen zu wohlhabenden Gegenden. Während meiner Jahre in Spanien habe ich auch immer einige Lose dieser Lotterie gekauft, ohne Gewinn, und ich schmunzele ob der Losnummer, die ich selbst nicht passender für mich hätte auswählen können. Ich bin natürlich jetzt gespannt, ob mir die Glücksfee hold sein und sich ein Bruchteil des

Gewinnes in ein kleines Bergdorf in der Schweiz verirren wird ... Danke für die freundliche Geste!

Ich zahle und starte wieder, nachdem nun doch einige weitere Tische besetzt und von die restlichen von wartenden Pilgern begehrt werden.
Die Steigungen haben es in sich, die darauf folgenden steilen Abstiege noch mehr, die bei uns in der Schweiz in unserem Familienskigebiet als schwarze Pisten mit entsprechendem Gefälle deklariert würden!

Aber die nun folgende Strecke ist wunderschön, sie besteht aus ausgedehnten Kastanienwäldern, sandigen Wegen, kleinen Bächen, die es zu überqueren gilt und es sind gerade kaum Mitpilger unterwegs. Ich habe die Mittagszeit erwischt, die meisten von ihnen sitzen irgendwo bei ihrem Picknick oder in einer Bar. So kann ich den Weg viel mehr geniessen und laufe über tausende herabgefallener Kastanien. Dabei muss ich aufpassen, nicht auf den stacheligen Kugeln auszurutschen, die buchstäblich überall hier liegen und mich an die grossen Kastanienbäume im Ort meiner Kindheit erinnern.

Bunte Graffiti begrüssen mich an einer Unterführung kurz vor Pontevedra und bald bin ich am Eingang der Stadt angelangt. Ich suche den kürzesten Weg zu meinem Hotel und komme gegen 15 Uhr dort an. Im Gepäckraum wartet mein treuer Köbi bereits auf mich, welche Freude! An der Rezeption bekomme ich den heutigen 2. Stempel. Das vorreservierte Zimmer ist zwar geräumig, doch leider etwas dunkel. Schade, dass wegen einer grösseren Reisegruppe kein helleres frei ist, doch da ich ohnehin nicht vorhabe, meinen morgigen Pausentag im Zimmer zu verbringen, mache ich kein Aufhebens darum, packe mein Freizeitoutfit aus, geniesse die warme Dusche und ziehe los, um die Stadt zu erkunden.

Ein Blick auf meinen Schrittzähler zeigt an, dass ich heute 70 Stockwerke bewältigt habe und so fühlt es sich jetzt auch für meinen Körper an. Ich beschliesse daher, es ruhig angehen und das Ambiente der Stadt auf mich wirken zu lassen. Ich setze mich auf der belebten Plaza de la Leña, dem ehemaligen Brennholzplatz, in der Nähe meines Hotels in die Sonne, um einen Kaffee zu trinken und dabei fällt mir auf, dass es irgendwie ungewöhnlich ruhig ist in dieser doch immerhin gut 80.000

Einwohner zählenden Stadt, kein Autolärm, kein Gehupe oder Bremsenquietschen, und mir fällt es plötzlich wie Schuppen von den Augen: Pontevedras gesamte Innenstadt ist komplett autofrei! Wow! Das ist ja mal ein Ding! Das hätte ich hier in Spanien nun wirklich überhaupt nicht erwartet! Ich frage am Nachbartisch, an dem sich einheimische Seniorinnen zum Kaffeeplausch niedergelassen haben, ob anlässlich des bevorstehenden Nationalfeiertags irgendwelche Anlässe zu Strassensperrungen geführt hätten. Aber nein, lachen sie, das sei schon seit fast 20 Jahren so und ihr Bürgermeister habe vor, noch viel mehr Bezirke zu autofreien Zonen zu machen. Welch ein geniales Konzept: riesige Parkplätze ausserhalb der Stadt, davon die meisten gratis zu benutzen, die Busverbindungen in die Innenstadt bis nah an die verkehrsfreien Zonen sind sehr gut und schnell. Und das Wichtigste: es existieren keine gigantischen Supermärkte vor den Toren der Stadt, sondern sehr belebte Einzelhandelsgeschäfte überall in der Innenstadt, Fussgänger schleppen ihre Einkäufe und ruhen sich daher gerne einmal in einer der zahlreichen Cafeterias oder Bars aus. So profitieren alle davon, die Besitzer der Geschäfte ebenso wie die Gastronomen und die stressfrei durch die Strassen bummelnden Menschen sowieso!

Es wirkt auf mich, als seien all diese Menschen in Ferienstimmung, dabei höre ich doch unverkennbar einheimisch gefärbtes Spanisch und die Touristengruppen halten sich in Grenzen. Mir gefällt es ausnehmend gut hier, ich erkenne das authentische Spanien hier noch ein Stück weit wieder, das mich vor vierzig Jahren so sehr in seinen Bann gezogen hat: die sprichwörtlich gute Laune seiner Bewohner, eine herzliche Gastfreundschaft, eine noch vorhandene Grosszügigkeit, die sich hier in den dargereichten Portionen und Preisen der

Speisen zeigt, eine Leichtigkeit, die trotz wirtschaftlicher und soziopolitischer Krisen erhalten geblieben ist und das Leben so viel einfacher macht.
Es gibt ein galizisches Sprichwort: „Pontevedra gibt jedem zu trinken, der vorbeikommt", und genau so fühlt es sich an.

Ich lasse diese aufgeschlossen-lockere Stimmung auf mich wirken, sie färbt ab, keine Frage, die Umgebung prägt den Menschen, hier wird das kristallklar ersichtlich und alles wird plötzlich so leicht, so unbeschwert, so bunt...

Ich bin froh, ausgerechnet hier meinen Pausentag verbringen zu können, eine wirklich glückliche Fügung hat dies so eingerichtet, nichts ist erzwungen, ich geniesse es sehr! Und nicht nur die heitere Stimmung ist ansteckend, auch die überall vorhandenen Läden mit ihren verführerischen Auslagen tun ein Übriges und ich kann den Versuchungen der Einkaufspassage doch nicht widerstehen: ich habe festgestellt, dass mein Freizeitoutfit nach 13 aufeinanderfolgenden Tagen doch etwas gelitten hat und nicht mehr wirklich taufrisch aus dem Rucksack kommt. Zudem wird's in Santiago sicher abends erheblich kühler sein als hier, Köbi hat noch Platz im Bauch und diese Teile sind knitterfrei: ich gönne mir eine schöne blau-weiss gestreifte, sehr leichte langärmelige Bluse und ein passendes weisses T-Shirt dazu und schlendere mit meinen Einkäufen ins Hotel zurück. Im Zimmer will ich mich vor dem Abendessen eigentlich nur umziehen und kurz ein Weilchen ausruhen - und erwache nach drei Stunden gegen Mitternacht, die Etappe mit grosser Höhendifferenz hat ihren Tribut gefordert, ich suche meinen Pyjama aus Köbis Bauch und schlafe weitere neun Stunden wie ein Stein...

11.10.
👣 Tag 12: Pausentag in Pontevedra (4 km)

Ich habe tatsächlich 12 Stunden tief und fest geschlafen! Ich erinnere mich nicht, wann das zum letzten Mal vorgekommen ist, offenbar hat mein Körper das aber gebraucht. Gut erholt beginne ich den Tag mit einem Frühstück auf der kleinen Plaza vor dem Hotel, die Sonne scheint, es verspricht, ein wunderschöner Tag zu werden.

Seit meiner Ankunft in Porto habe ich bis heute hier in Pontevedra bereits 241 km zu Fuss auf meinem persönlichen „Pilger-Tacho", wobei diese Zahl keineswegs den direkten, mit gelben Pfeilen markierten Camino umfasst, sondern auch alle Schritte zur Seite, zurück (das waren glücklicherweise nicht allzu viele) sowie alle Umwege und Besichtigungen vor Ort beinhalten. Mir scheint, heute kommen noch einige Kilometer hinzu, trotz des Pausentags. ☺

Ohne Stadtplan und nach Lust und Laune lasse ich mich treiben, erkunde die zahlreichen wunderschönen Plazas mit ihren Springbrunnen oder Statuten, bestaune die Kolonnaden der granitenen Häuser, schaue mal hier, mal da in eine der zahlreichen Kirchen und Tempel, Basiliken und in die Innenhöfe einiger historischer Gebäude hinein. Besonders gefällt mir, dass die Einwohner Pontevedras eine überaus wohlwollende Einstellung zu uns Pilgern haben, einen Pilgerfeiertag begehen und die Heilige Pilgerjungfrau in einem Tempel verehren, dem Santuario da Virxe da Peregrina, der einen Grundriss in Form einer Jakobsmuschel aufweist! In dieser traditionellen Pilgerstätte erhalte ich gegen eine kleine Spende meinen ersten Stempel des heutigen Tages. 👣

Später Vormittag, schon 23 Grad im Schatten und Tendenz steigend! Gut, dass ich heute Ruhetag habe...
Ich folge dem Wegweiser zum „mercado de abastos", der örtlichen Markthalle, die ich in jeder grösseren spanischen Stadt immer sehr gerne aufsuche. Auch hier fasziniert mich die riesige Auswahl an appetitlich präsentierten Früchten, Gemüsen, Fischen, allerlei Meeresgetier, Fleisch, Käse, Blumen und ich beobachte die einheimischen Frauen, die sich sehr entschlossen ihre Einkaufskörbe füllen lassen, wobei sie genau zu wissen scheinen, auf was sie beim Kauf zu achten haben. Die Beratungen der Markthändler sind kompetent und ich schnappe im Vorbeigehen Tipps und Tricks zur Zubereitung von allerlei Köstlichkeiten auf. Der Marktbesuch macht hungrig und es ist Zeit für einen kleinen Aperitif.

Auf der schönen Plaza „Glorieta de Compostela" (wie passend) finde ich einen freien Tisch, das erfrischende Geplätscher des grossen Springbrunnens ist sehr entspannend, eine Szene wie aus dem Marketingclip eines

Tourismusanbieters, doch diese ist nicht gestellt, sondern findet in aller Selbstverständlichkeit und unverkrampft sicher an vielen Tagen des Jahres genauso statt. Der Weisswein aus der nahen Anbaugegend ist herrlich frisch und leicht, natürlich wird auch hier eine tapa dazu gereicht, diesmal ein Stückchen gebratenen Stockfischs mit Kartoffeln, lecker! Ich bin froh, dass ich bisher um die bekannte galizische Spezialität, den *pulpo gallego*, Tintenfisch auf galizische Art, herumgekommen bin, mich graust es bereits bei seinem Anblick. Hierzu verspüre ich auch keinerlei Bedürfnis, meinen Ekel zu überwinden bzw. ihn im wahrsten Sinne des Wortes hinunterzuschlucken. Es gibt viele andere Gerichte der spanischen bzw. galizischen Küche, die ich liebe und hier komme ich wirklich auf meine Kosten, mein Pausentag wird zum Schlemmertag....

Die kleinen Restaurants und Strassencafés überbieten sich mit ihren Mittagsmenüs, hier auf der Plaza de Leña ist der Duft einfach unwiderstehlich, schade, dass es keine Möglichkeit gibt, diesen hier zu teilen.

Irgendwo aus einer Bar klingt Julio Igelesias' „Canto a Galicia",die „Hymne an Galizien" in der galizischen Version und endlich verstehe ich, dass dieses rasch als sehr sentimental abgetane Lied die galizische Volksseele sehr gut beschreibt. Man muss es erleben, um es zu verstehen. Gerüche und Musik setzen bei mir längst verschollene Erinnerungen frei und plötzlich bin ich in Gedanken meiner früheren Kommilitonin Ulrike ganz nah. Wir haben jahrelang miteinander studiert, beide Dolmetschen, beide Spanisch im Hauptfach, beide ganz begeisterte Spanien-Fans, und auch, wenn wir oft monatelang nichts voneinander hören, ist die Verbindung bei der ersten sms sofort wieder da. Ich nehme sie gedanklich mit auf diesen Trip durch Pontevedra: ich schicke ihr spontan eine whats-app und erhalte die Antwort, dass sie nach wochenlanger Sendepause zwischen uns just in diesem Moment dabei ist, meine bisherigen FB-Tagebucheinträge zum Camino zu lesen... Zufall? Telepathie? Darüber zu spekulieren ist müssig, stattdessen entwickelt sich ein mehrstündiger Chat, unterbrochen durch längere Pausen auf beiden Seiten, in dem wir feststellen, dass wir diese rasch vergangenen Jahre, denen wir nun ein wenig sentimental hinterherhängen (kein Wunder bei der melancholischen Strassenmusik auf der Plaza), nach anfänglichen sogar sehr vielversprechenden Karrierebestrebungen schlussendlich doch in unsere Familien, vor allem in unsere Kinder „investiert"–bewusst und freiwillig- und uns selbst und unsere eigenen Interessen darüber ein wenig aus den Augen verloren haben. Hier in Spanien können wir wieder mehr wir selbst sein, es ist im Kern noch vieles vorhanden von den jungen, begeisterten Studentinnen, die ihr Herz an Spanien verloren hatten, zwar reifer nun, auch geprägt und bereichert um alles Erlebte in den vierzig Jahren seit unserem Examen, der Blick kritischer geworden, aber in Herz und Seele immer noch daheim in diesem Land, bei diesen Menschen, mit dieser Lebensart... Daheim sein, was heisst das? Ich mache es unter anderem auch an dem Gefühl fest, mich wohlzufühlen, weil ich dort wirklich willkommen bin, und das spüre ich hier immer noch deutlich stärker als in meiner Wahlheimat Schweiz... Wohlige Wärme (und das nicht nur in Bezug auf die Aussentemperaturen) anstatt Stacheln, so kann ich wohl am besten den Unterschied definieren. Das mit dem „daheim sein", dem „irgendwohin gehören", habe ich mich während der letzten vierzig Jahre und mindestens 20 Umzügen immer wieder einmal wieder gefragt, inzwischen beantworte ich es für mich so, dass ich nicht „irgendwohin", sondern vor allem mir selbst gehöre, dann spielt der geographische Ort keine grosse Rolle mehr.

Sich selbst ein Stück weit aus den Augen verlieren, Zuschauerin des eigenen Lebens sein, am Rande stehen und schauen, wie es vorbeiplätschert und unweigerlich auf sein Ende zusteuert... ja, der Eindruck kann durchaus entstehen und es könnte auch ein sehr beängstigender Gedanke sein, wenn da nicht zum einen die Gewissheit wäre, dass wir in den Jahren, in denen wir uns selbst ein Stück weit zurückgenommen haben, das Wertvollste geschaffen haben, das wir dieser Welt einmal hinterlassen können: unsere Kinder! Junge, begeisterte, kreative, tatkräftige, kritische und empathische Menschen, die ihre Zukunft gestalten und diese Welt zu einem besseren Ort machen werden. Es waren also beileibe keine verlorenen Jahre und zudem ist es ja noch nicht vorbei, unser Leben. Es steht momentan eine wichtige Phase des Innehaltens, Betrachtens und Hinterfragens an: die Kinder werden selbständig, gehen ihrer eigenen Wege und für uns Frauen und Mütter ist dies nicht nur ein Moment, dem „empty nest" hinterherzuweinen, sondern auch mehr denn je eine Chance, aus dem uns verbleibenden Rest noch etwas zu machen. Ulrikes und mein Chat endet nach vielen Schleifen und Rückblenden, Fragen und Gegenfragen mit dem von ganzem Herzen unterschriebenen Statement: „ich bin gerne Ich"! Ein wichtiges Bekenntnis zu uns selbst, und der Camino hilft in wundersamer Weise dabei, sich selbst wiederzufinden!

Mir fehlt noch der 2. Stempel des heutigen Tages und in einer originellen Bar bekomme ich ihn, zusammen mit einem leichten Abendessen, bevor ich nun wieder in Richtung Hotel laufe. Für den morgigen Tag muss ich noch rasch Köbis Transport bestellen, nicht ohne zuvor ein Hotelzimmer in Caldas als Ziel einer etwas längeren Etappe gebucht zu haben.

Ein wunderschöner, entspannender Tag geht zu Ende, Pontevedra, gerne komme ich gelegentlich einmal wieder!

12.10.
🥾 Tag 13: Pontevedra – Caldas de Rei (21 km)
Dia de la Hispanidad, Nationalfeiertag

Um 7 Uhr wecken mich die Engländerinnen aus der mit mir eingecheckten Reisegruppe und ich beschliesse, aufzustehen, da die heutige Etappe wieder etwas länger werden wird, was an den wenigen Unterkünften in anderen Orten auf dem Weg dahin liegt. Schweinehund mault prompt: 'was? Jetzt schon aufstehen? Ist doch noch stockdunkel! Was soll'n das?' Ich: „ Tu doch nicht so, als hättest du die schnatternden Weiber oberhalb und neben uns nicht gehört? Ausserdem klingelt der Wecker eh in 15 Minuten, du weisst genau, dass Köbi um 8.00h abholfertig an der Rezeption stehen muss, so what? Ich gehe duschen, mache ihn fertig, bringe ihn runter und frühstücke. Du kannst ja hier liegenbleiben!" Offensichtlich ist Schweini tatsächlich liegengeblieben, ich hab' ihn jedenfalls während der gesamten, immerhin ca. 20/21 km langen Etappe nicht mehr bemerkt.

Nach einem leichten Frühstück in der Hotelbar gebe ich Köbi an der Rezeption ab, wir machen dass nun schon ganz routiniert und ohne zig Rückfragen, ob Tui Trans denn auch wirklich immer zuverlässig vorbeigekommen sei. Es ist tatsächlich noch dunkel draussen, also werde ich noch ein Weilchen warten, sonst seh' ich die gelben Pfeile nicht, der Weg ist mir hier unbekannt und der Leitsatz „immer das Meer linker Hand haben" passt hier ja nicht...

In der Stadt sind manche gelben Pfeile wirklich sind sehr versteckt und im Morgengrauen kaum zu entdecken. Aber es wird rasch hell, ich überquere die Plaza Méndez Núñez und die einsame Statue des Schriftstellers Ramón del Valle Inclán grüsst mich zum Abschied. Eine letzte Erinnerung an meine Studienzeit, denn Valle-Inclán gehörte zur Generation der 98-er Literaten, über die sich seinerzeit die Prüfung in meinem Literatur-Examen erstreckte.

Die heutige Etappe läuft sich bei bedecktem Himmel und ca. 16/18 Grad und bisher sehr schönen Wegen recht leichtfüssig, die Kilometer fliegen an mir vorbei. Ob das am gestrigen Pausentag liegt, dass ich so unangestrengt zügig unterwegs bin? Ich stelle wieder einmal fest, dass meine Grundgangart durchaus als ‚sportlich' bezeichnet werden darf, was ich zum einen meiner Beinlänge, zum anderen aber auch der heute sehr leicht und angenehm zurückzulegenden, flachen, erdigen Strecke durch natürliche Landschaft mit wenig Asphalt und Siedlungen zu verdanken habe. Zahlreiche Anpflanzungen, Mais, Weintrauben und Schlehen, säumen meinen Weg. Und viele Pilger.

Die Stimmung unter den Pilgern so kurz vor Santiago ist aufgeladen, voller Vorfreude, Erwartungen, Neugierde, Spannung, andere sind sehr erschöpft, wirken abgekämpft, verausgabt, humpeln... eine ganz eigenartige Mischung, die auf jeden Fall eine ansteckende

Sogwirkung hat und den Wunsch aller widerspiegelt, endlich anzukommen.

Aber trotz der gleichzeitig gestarteten Massen an Pilgern gelingt es mir heute problemlos, mich abzusetzen bzw. auch von in der Nähe vor oder hinter mir laufenden Mitpilgern abzugrenzen, abzuschotten, bei mir zu sein und meinen Gedanken nachzuhängen, ohne auf das Geplapper um mich herum zu hören. Es ist eine gute Übung, unter so vielen Pilgern unterwegs zu sein, denn man muss viel mehr auf sich achten, damit man weiterhin bei sich bleibt und den EIGENEN Camino weitergeht bis zum Ende in ca. 45 Kilometern...
Na also! Geht doch!

Ich komme an beliebigen, eher nichtssagenden Ortschaften vorbei, Barro, Portas, Tivó, und unterwegs wir meine Aufmerksamkeit mehrfach auf einsam grasende, ein wenig verwahrlost aussehende Pferde gezogen, die an langer Leine oder Metallketten angepflockt sind, so dass sie lediglich einen Radius von wenigen Metern im Kreis zurücklegen können, um das bereits deutlich abgefressene Gras gänzlich aus der Erde zu rupfen. Von artgerechter Tierhaltung ist hier nichts zu spüren, was mich ärgert und sehr wütend macht. Nirgends ist ein Haus oder Hof in unmittelbarer Nähe, sodass ich keine Zuordnung zum Besitzer oder Halter machen kann, um ihn auf das Warum dieser Freiheitsberaubung anzusprechen. Ich bleibe ein Weilchen neben einem verdreckten Schimmel stehen, er schaut mich abgestumpft an und grast dann in zentimeterlangen Schritten weiter... Gilt hier in Spanien nicht auch ein Einzelhaltungsverbot? Ich kenne die EU-Gesetzgebung nicht, vermute aber einmal, dass es auf das berühmte „wo kein Kläger, da kein Richter" hinausläuft. Und das Anpflocken erspart dem Halter unbestritten viel Zaunerei. Arme Pferde! Wenn ich da an unsere glückliche Herde denke...

Erscheint es mir nur so oder werden die Einheimischen allmählich unfreundlicher, genervter, stiller ob der vielen Pilger, die ihren Weg kreuzen, die Autofahrer ständig zwingen, anzuhalten, um wieder eine Gruppe über die Strasse zu lassen, die nachfragen, wo es den nächsten Stempel abzuholen gibt, wie weit es bis zur nächsten Bar ist?!? Während in den ersten Tagen praktisch jeder Pilger ausnahmslos von den Einheimischen gegrüsst und mit dem Wunsch für einen guten Weg, bom caminho bzw. buen camino, bedacht wurde, grüssen sie hier höchstens knapp zurück, wenn der Pilger zuerst ein freundliches ‚buenos días' schickt... Schade. Andererseits aber auch wieder verständlich, denn ich wäre sicher auch einigermassen genervt, wenn mir permanent Pilgerscharen an der Haustür beizögen. Wie es im Sommer aussehen muss, mag ich mir gar nicht ausmalen...

An mehreren Stellen liegen die gesuchten Stempel inzwischen einfach nur noch auf einem Tisch am Wegrand aus, mit denen man nun in Form von self service seinen Pass verziert... So auch hier, ich stemple meinen Pass an einer Wegkreuzung und ziehe weiter.

Die Stempelei ist ja zunächst mal eine zwingende Vorgabe für all diejenigen, die am Ende ihres Caminos die Pilgerurkunde erhalten wollen und nun auch noch täglich ZWEI! Stempel eintragen lassen müssen... Wir haben uns das nicht ausgedacht und es ist doch ein wenig schade, wenn man uns den Stempel lediglich achselzuckend in den Pass drückt, anstatt wie auf der Strecke zuvor diesen Halt zu nutzen, um kurz miteinander ins Gespräch zu kommen... Wie wird es auf den letzten Etappen sein?

Nach einer kurzen Mittagsrast auf halber Strecke mit einem schlichten Picknick (Trockenfrüchte sind immer greifbar) beschliesse ich, nach Caldas de Reis/Caldas de Reyes durchzulaufen und komme dort gegen 14.30h an. Über die Bermaña-Brücke gelange ich ins Städtchen, das auf mich unspektakulär, um nicht zu sagen öde, grau und langweilig wirkt, das Hotel Sena ist jedoch recht ansprechend. Köbi erwartet mich schon im Gepäckraum, ein gemütliches Zimmer mit grossem Bett, Badewanne und Schreibtisch wird mir zugewiesen und ich lasse sofort nach dem Bezug ein Schaumbad einlaufen. Die Küche ist nach schönster spanischer Manier ja noch über ein Stunde geöffnet, was will das Pilgerherz noch mehr?

Schnell noch wieder die Laufklamotten ins Badewasser eingeweicht – schliesslich möchte ich die Ressourcen nicht verschwenden- und ab geht's in den Speisesaal. Ich stelle erfreut fest, dass die Küche des Restaurants ganz ausgezeichnet ist und somit ist dieses Hotel sicher der bestmögliche Platz in diesem trüben Städtchen, um morgen nochmals einen Pausentag einzuschieben, bevor es dann aufgeht zum Endspurt. Ich bin heute an soooo vielen Traubenanpflanzungen vorbeigelaufen, dass ich doch einmal den leckeren Saft daraus probieren muss... Ich bereue es nicht, er ist ausgezeichnet!

Den Rest des ohnehin schon fortgeschrittenen Nachtmittags und Abend vertrödele ich mit Lesen, schalte den kleinen Fernseher ein, um einmal wieder die neuesten Nachrichten aus aller Welt mitzubekommen, doch diese konzentrieren sich vorwiegend auf die Ereignisse in Katalonien, die Massenproteste und heftigen Gegenreaktionen anlässlich der Urteile im schon Jahre schwelenden Konflikt um die Unabhängigkeitsbestrebungen Kataloniens und dem zwei Jahre zuvor erfolgten Referendum.

13.10.
🌶 Tag 14: Pausentag in Caldas de Reis

Jeder, der mich näher kennt, weiss, dass ich Spanien liebe und als meine 2. Heimat betrachte, und spätestens nach der Lektüre dieses Buches wissen das auch all diejenigen, die mich nicht persönlich kennen. Nach längerer Abwesenheit stelle ich nun bei diesem intensiven, da ‚zu Fuss' auch langsameren, fühlbareren Eintauchen und dem wieder-vertraut-machen mit dem spanischen Alltagsleben fest, dass es einiges gibt, das sich leider immer noch nicht wesentlich zum Besseren verändert hat, seitdem ich 1980 erstmals für längere Zeit in Andalusien, konkret in Málaga, später dann 15 Monate in Granada und noch später 5 Jahre in der Nähe von Barcelona gelebt habe...: diese selbstverständliche Verschwendung von Lebensmitteln in den Restaurants, über die ich mich jedes Mal unendlich aufrege, wenn ich es erlebe.

Dann nämlich, wenn bergeweise Lebensmittel von halb vollen Tellern abgetragen und entsorgt werden, weil Eltern ihren Kleinkindern riesige Portionen bestellen, die diese unmöglich bewältigen können, sie somit bereits im Kindesalter zu Nicht-Achtung und Verschwendung von Lebensmitteln erzogen werden! Mama und Papa machen das aber genauso, hocken vor gewaltigen Portionen, lassen Mengen zurückgehen, um den nächsten Gang zu ‚geniessen', der ebenso wenig aufgegessen wird... Egal, es hat ja genug!

Die grosse Gruppe spanischer Bustouristen (ca. 50 Personen an zwei langen Tischen im Alter zwischen 50 und 70) heute Morgen beim Frühstücksbuffet hat nicht nur die Geduld und Nerven des Servicepersonals strapaziert, auch einige andere Hausgäste fühlen sich berufen, einzuschreiten, um dieser grotesken Verschwendung lautstark Einhalt zu gebieten: wie eine Horde Heuschrecken fallen diese Gäste über das Buffet her, grapschen und stecken ein, was das Zeug hält, im Nu sind sämtliche Platten geputzt, das Personal kommt mit dem Auffüllen nicht hinterher - und nach der Abreise dieser Plünderer sehen die beiden Tischreihen aus wie nach einer Bombenexplosion: bergeweise Toast, Brot, Gebäck und Kuchen, hineingebissen oder auseinandergepflückt, angebissenes Obst, zu 3/4 volle Saftgläser, halbvolle Tassen Kaffee sowie Rührei, Tortilla und vieles mehr wird beim Aufbruch der Gruppe achtlos zurückgelassen für den Müll!

Geht's dich was an, frage ich mich? JA, oh ja, und ob! antwortet mir mein Gewissen! Denn ich bin MIT-Mensch in dieser Gesellschaft zu diesem Zeitpunkt und wer schweigt, stimmt oftmals wirklich zu! Es ist jedoch ein (vermutlich?) aussichtsloses Unterfangen, diesen Herrschaften klarzumachen, dass das Phänomen ‚food waste' doch mittlerweile sogar in Spanien bis in die letzten Winkel als ‚nicht akzeptabel' angekommen sein sollte, denn eine Mitstreiterin und ich ernten nämlich nur verständnislose Blicke... Dennoch KÖNNTE ja der/die eine oder andere aus dieser Gruppe sich künftig etwas bewusster und zurückhaltender am nächsten Büffet bedienen? Vielleicht, den ich hoffe auf die irgendwann greifende Wirkung einer Politik der kleinen Schritte! Und NICHT wegschauen und still sein, DAS bewegt und bewirkt nämlich garantiert GAR NICHTS!

Den heutigen grauen Tag werde ich nutzen, um meine Tagebuchnotizen einmal zu überarbeiten, schliesslich soll auf vielfachen Wunsch irgendwann ja ein Büchlein aus meinen Camino-Erlebnissen entstehen. Zunächst aber ziehe ich los, um mir im Städtchen die beiden Stempeleinträge für heute zu besorgen.

Es ist leichtes Nieselwetter und an diesem Sonntag sehe ich ausser einigen Pilgern kaum Menschen auf den Strassen. Ich komme bei meiner Suche auch an den Thermalquellen vorbei, die verlassen daliegen, und spaziere bis an die alte römische Brücke, die einen schönen Blick auf die Stadt und den Fluss bietet. Der Regen wird stärker und mit den zwei erforderlichen Tagesstempeln gehe ich zurück zum Hotel.

Ich bin in meine Notizen vertieft, die Zeit vergeht rasch und ich esse eine Kleinigkeit im Hotelrestaurant. Mir stellt sich so kurz vor Santiago nun die Frage, wie ich den Rest des Weges gestalten soll: die Wettervorhersage für die nächsten und damit letzten Tage meines Caminos sind nicht gut, na ja, ehrlich gesagt sogar ausnehmend schlecht: Starkregen von Caldas bis Santiago... Hoppla, das ist ja wirklich mal was ganz Neues, war aber auch irgendwann zu erwarten!

Theoretisch wäre der Weg nach Santiago nun in zwei Etappen machbar, nächster Halt Padrón, dann durchlaufen bis Santiago, was eine sehr lange Etappe und Ankommen am späten Nachmittag bedeuten würde und bei dem Wetter sicher höchst unangenehm werden dürfte. Ausserdem bin ich langes Laufen bei Regen nicht gewohnt und weiss nicht, wie viel Wasser meine Klamotten aushalten bzw. wie nass ich werde. Zudem kündigt die Vorhersage nun deutlich niedrigere Temperaturen als bisher an, wo ich meist tagsüber noch annähernd 20°C genossen habe. Es stellt sich mir also die entscheidende Frage: vorbuchen oder spontan während der Strecke entscheiden, wo der nächste Halt zu sein hat? Ist meine Schulter bereits soweit ausgeheilt, um Köbi nochmals an zwei eher langen Etappen zu tragen? Wie nass wird er werden und sind dann meine bisher so gut geschützten Kleider und der gesamte Rucksackinhalt komplett aufgeweicht? Was, wenn ich noch einmal in ein Hotel gerate, das nicht beheizt wird wie in Porriño, weil es ja immer noch nicht November ist? Wie trockne ich denn so richtig klatschnasse Sachen ohne Heizung? Und, was ein wichtiges Kriterium ist, was, wenn ich wegen der doch deutlich zunehmenden Pilgerscharen überhaupt kein Zimmer mehr bekomme bzw. von einem Hostal zum anderen ziehen muss, um anzufragen, und das, wohlgemerkt, bei schönstem Dauerregen? Oder, und diese Variante gäbe es schliesslich auch noch, einen weiteren Pausentag hier in Caldas einlegen und den Starkregen vorbeiziehen lassen, aber das verwerfe ich sofort. Zum einen, weil ich allmählich wirklich gerne in Santiago ankommen möchte und zum anderen, weil ich mich einem Laufen bei Regen nicht verweigern will. Und zum dritten ist ja nicht gesagt, dass es nicht noch weitere Tage lang heftig regnet, ungewöhnlich wäre es nicht, im Gegenteil... Zu allerletzt wäre ich jetzt auf den Gedanken gekommen, in einen Bus zu steigen und den Rest fahrend zurückzulegen, NEIN! Darüber denke ich nicht einmal einen Augenblick lang nach, denn das kommt überhaupt nicht in Frage! Nun bin ich bereits so lange unterwegs, habe schon so viele Kilometer zurückgelegt und Herausforderungen überwunden, dass mich zu diesem Zeitpunkt auch Starkregen nicht von meinem Vorhaben abbringen kann, den Weg bis zur Kathedrale in Santiago zu Fuss zurückzulegen!

Ich schaue mir die Karte an und beschliesse nach einigen internen Diskussionen, in denen sich Schweini erstaunlicherweise sehr zurückhält und nur Kopf ganz unaufgeregt und nüchtern die Fakten abwägt, die abgestufte und, wenn man das einmal so nennen möchte, vermutlich „gemütlichere" Variante zu nehmen, nämlich auch morgen wieder ohne Köbi nach Padrón zu gehen, von dort übermorgen einen Zwischenhalt in Milladoiro nur knapp 10 km vor Santiago einzulegen, um dann bereits am Vormittag des von Anfang an so geplanten Ankunftstags am Mittwoch, den 16. Oktober an der Kathedrale sein zu können. Und somit kann ich vermutlich auch vermeiden, tags zuvor eine übermässig lange Strecke zurücklegen zu müssen und mit Hunderten Pilgern gleichzeitig dort einzulaufen.

Diese Variante sagt mir am meisten zu und ich suche und buche die Unterkünfte für die Etappenziele in Padrón und Milladoiro, beauftrage meinen Transporteur Tui Trans, meine Ident-Nummer kann ich inzwischen auswendig aufsagen, und krame erstmals mein Regenzeug zuunterst aus dem Rucksack heraus. Ich muss umpacken, denn bisher waren Regenhose, Regenponcho und Überzieher für die Schuhe, usw. nie vom Boden des Rucksacks fortbewegt worden. Nun ist es nur noch der seidene Schlafsack zum Schutz vor Bettwanzen, der noch fabrikneu in seiner Hülle schlummert, hoffentlich benötige ich den in den letzten Nächten nicht auch noch...

14.10.
🥾 Tag 15: Caldas de Reis/Reyes – Padrón (21 km)

Yeah: der trommelnde Regen weckt mich gegen halb acht, es ist stockdunkel, und ich muss all meinen Mut zusammennehmen, um nicht doch schwach zu werden und meine Entscheidung, die heutige Etappe in diesem Vollschutt unter die Füsse zu nehmen, umzuwerfen und im Bett liegen zu bleiben. Aufstehen, los! Zunächst einmal gehe ich frühstücken, es besteht ja die Hoffnung, dass der Regen später ein wenig nachlässt.

Da heute ein normaler Werktag ist, gibt's kein Frühstücksbuffet mehr, sondern das in spanischen Hotels, die nicht vom Tourismus leben, gewohnt spärliche Frühstück, bestehend aus einem Orangensaft, einem Kaffee und einem Toast, fertig. Alles Weitere müsste zusätzlich bestellt werden, doch ich werde sicher nicht vom Fleisch fallen, vermutlich muss ich ohnehin heute wetterbedingt öfters einmal unterwegs einkehren, bei Bedarf kann ich ja unterwegs etwas essen.

Die Hotelbar ist spärlich besetzt, eine dreiköpfige Pilgerfamilie aus Kolumbien setzt sich an den Nebentisch und ich höre ihr Gejammer darüber, dass sie keine richtigen Regenkleider dabeihaben… Oh je, das kann ja heiter werden…Ob ich denn einmal ein Foto von ihnen machen würde? Für den Rest der Familie zu Hause? Natürlich tue ich das und stelle fest, dass die beiden Frauen in Flipflops unterwegs sind. Ich hoffe für sie, dass das nur zum Frühstück so ist und sie für den Weg besseres Schuhwerk im Gepäck haben. Auf dem Camino habe ich bisher in puncto Kleidung und Schuhwerk allerhand Kurioses gesehen: von zünftiger deutscher Gebirgswanderausrüstung über hochmodische Funktionskleidung bis Barfuss-Badeanzugoutfits, alles war bisher vertreten. Den jammernden Kolumbianern empfehle ich, sich doch an der Rezeption einmal nach einem Sportgeschäft in Caldas zu erkundigen, garantiert findet sich dort auch Regenkleidung, denn an Caldas führt auf dem Pilgerweg ja kaum ein Weg vorbei und so vermute ich, dass es auch entsprechende Geschäfte mit Pilgerbedarf gibt. Da gestern Sonntag war und sämtliche Läden geschlossen, ist mir nicht aufgefallen, ob und wo es ein solches Geschäft gibt, aber die Einheimischen sollten dies ja wissen.

Ich beende mein spärliches Frühstück, ziehe erstmals eine Regenhose über die Laufhose und zwänge mich in die Überzieher für die Schuhe, dann die Regenjacke und obendrüber als Krönung den knatsch blauen knielangen Regenponcho. Der Schweiss tropft schon, bevor ich den ersten Schritt zum Hotelzimmer hinaus gemacht habe, es ist also offensichtlich nicht alles atmungsaktiv, was man mir als solches verkauft hat, wäääh. Ich gebe Köbi an der Rezeption ab, wo ich wieder auf die kolumbianische Familie treffe, die sich mit grossen Plastiktüten bzw. Müllsäcken ausstatten lässt, um dem Regen zu trotzen, der leider noch nicht nachgelassen hat. Im Gegenteil, er prasselt mit Wucht auf das Pflaster des Hoteleingangs und den Asphalt der bereits gut befahrenen Landstrasse, ich muss also fest mit seitlichen Duschen durch vorbeirasende Autos rechnen. Na prima, besser konnte der Tag, die Woche ja nicht beginnen ….
Aber mein Vorhaben ist unumstösslich: zu Fuss soll es sein, also: GO FOR IT!

Tief einatmen und los geht's. Das erste kurze Teilstück raus aus Caldas führt mich durch Weinanpflanzungen unter der Autobahn hindurch, aber bald bin ich in einem wunderschönen Waldstück unterwegs, die dichten Bäume schützen mit ihren Blätterdächern doch erheblich vor dem nach wie vor starken Regen. Mitpilger treffe ich in der ersten Stunde praktisch keine und ich frage mich, ob sie noch schlafen oder vermehrt in Bussen unterwegs sind.

Natürlich erfordern die matschigen, teils sehr viel Wasser führenden Waldwege eine erhöhte Konzentration, Achtsamkeit, Aufpassen, wohin man die Füsse setzt, gelegentliche Umwege und auch einmal eine Turnübung, aber auch im richtigen Leben ist es gelegentlich ja durchaus angeraten, genauer hinzuschauen, mit wem und auf was man sich einlässt...

Nicht einmal zwei Stunden bin ich unterwegs, als ich das erste Stückchen blauen Himmels durch die Wolken schimmern sehe, na also, das Schlimmste scheint schon überstanden und ich bin zumindest innen noch ziemlich trocken. Auch meine Füsse fühlen sich gut an, denn die mir während unseres Tirol-Urlaubs im Sommer in einem Velo-Shop empfohlenen Überzieher scheinen das zu halten, was der Verkäufer mir versprochen hat: auch auf langen Strecken im Regen bleiben deine Füsse trocken!

Allen, die mich heute bedauert haben, in den Regen hinauszumüssen, kann ich versichern: ich bin SO FROH, nicht gekniffen zu haben (zu Hause hätten mich bei dem Wetter keine 10 Pferde, ach, was sag' ich, unsere gesamte 25-köpfige Herde nicht vor die Tür gelockt...) oder in einen Bus gestiegen zu sein, ich hätte eine der schönsten Strecken und wichtigsten Erfahrungen verpasst! Allein die Bächlein und Wässerchen überall zu sehen, ihr Glucksen zu hören und die intensiven, würzigen, unterschiedlichen Gerüche zu riechen... es war eine sehr sinnliche Erfahrung! Mit meinem Regenponcho, Regenhose und Überziehern für meine Schuhe habe ich mich jederzeit beschützt gefühlt wie in einem Kokon (ich musste intensiv ans ‚Blaue Ei' denken, eine Erfindung meiner Ausbilderin im pferdegestützten Coaching, Claudia A. Friederich, das eine imaginäre persönliche Schutzhülle darstellen soll), nach einigen Stunden bin ich natürlich aussen und irgendwann schweissbedingt dann doch auch innen klatschnass, aber überglücklich, es durchgezogen zu haben.

Schweini feixte heute Morgen, als der Regen auf das Vordach des Hotels prasselte, bereits siegessicher: „Yesss, der heute gehört mir, ha!", „Ha? Ha, denkste!" Ich habe ihn einfach total ignoriert, das hat er ja nicht so gerne. Er hat sich beleidigt in die Schmollecke verzogen, er ist zutiefst frustriert und denkt vermutlich, „wenn DAS heute kein Grund ist, auf mich zu hören und nachzugeben, dann gibt's wohl keinen mehr in den kommenden zwei Tagen bis zum Ende des Weges, also was soll's, ich gebe auf…". Gut so!

Unterwegs mache ich Halt in einer kleinen, überfüllten Bar, oh, es sind also doch noch weitere Pilger unterwegs, um mir einen ersten Stempel und einen Tee zu holen, denn es ist wesentlich kühler als in den Tagen zuvor und ein bisschen Wärme tut den Muskeln gut.

Weiter geht es anschliessend durch kleine Dörfchen, die Autobahn muss gelegentlich auf Fussgängerbrücken überquert werden und ich komme an grossen Feldern vorbei, auf denen der Kohl für meine allerliebste Gemüsesuppe angebaut wird.

 Mitten in einem herrlichen Waldstück bei Valga ärgere ich mich, als ich einen völlig überfüllten Mülleimer und in einem Radius von mindestens drei Metern drumherum eindeutigen Pilgermüll sehe! Ich fühle mich persönlich betroffen, da ich auch zur Gruppe der Fusspilger gehöre, als auch Teil dieser Gemeinschaft bin, und kann überhaupt nicht verstehen, wieso nicht jeder seinen Abfall im Rucksack –denn kaum jemand ist hier ohne Rucksack unterwegs- mitnimmt und in einen der in gewissen Abständen regelmässig aufgestellten grossen Container entsorgen kann? Die Leerung des Mülleimers an dieser unzugänglichen Stelle dürfte ohnehin sehr schwierig sein, umso mehr sollte man erwarten, dass vorbeiziehende Pilger ihre Plastikflaschen und Aludosen, Chipstüten und Sandwichpapiere nicht hier entsorgen. Der Anblick trübt meine bis dahin wirklich ausserordentlich gute Stimmung und ich muss einige Kilometer stramm marschieren, um mir meinen Frust aus dem Körper zu laufen!

Die weitere Strecke ist landschaftlich wirklich wunderschön, sie besteht zumeist aus Waldwegen und von überallher sprudeln kleine Bächlein, die nun natürlich viel Wasser führen und die eine sehr beruhigende, fast meditative gurgelnde Geräuschkulisse auf dem recht einsamen Weg bieten. Die unbefestigten Pfade sind rutschig und matschig zugleich und das Laufen erfordert viel Konzentration. Die Sonne zeigt sich gelegentlich hinter meist dichten Wolken, die Temperaturen sind zum Laufen sehr angenehm und ich komme sehr gut voran. Bei einer kurzen Rast an einer dicht mit Rhododendren bewachsenen alten Steinmauer geniesse ich einen malerischen Blick auf die alten Häuser und Getreidespeicher bei Valga.

Bald taucht der Wegweiser zum berühmten vom Franziskanerorden betriebenen Kloster Herbón auf, das für die meisten Pilger ein Muss auf dieser Strecke zu sein scheint. Ich ziehe auch kurz eine Besichtigung in Erwägung, wobei die eigentliche Klosterführung erst abends um 18h durchgeführt wird. Das inzwischen sonnige Wetter hat jedoch viele Buspilger nun um die Mittagszeit auf die Strasse getrieben und in grossen Gruppen folgen sie dem Wegweiser nach Herbón, ein Grund für mich, den direkten Weg über Pontecesures nach Padrón einzuschlagen und auf den Klosterbesuch zu verzichten.

Im gebuchten Hotel Chef Rivera angekommen setzt es einen kleinen Dämpfer, denn seit dem Vorabend gibt es wegen des Bruchs einer Hauptwasserleitung in der ganzen Region um Padrón kein Wasser! Die nette Dame an der Rezeption sieht wirklich sehr bekümmert aus, als sie mir den Zimmerschlüssel mitsamt einer 1.5 l Flasche Wasser überreicht und erwartet wohl auch eine unangenehme Reaktion meinerseits, wie sie ein gleichzeitig ankommende Mitpilger, der einen Teil des Gesprächs mitbekommen hat, prompt auch lautstark zeigt. „Na, die Dame kann wohl kaum etwas dafür", wende ich mich an ihn, „und es ändert nichts an der Situation, dass Du hier herumbrüllst". Der Poltergeist, ein mit starkem Akzent Englisch sprechender Mittfünfziger, beschliesst, sich anderweitig ein Zimmer zu suchen und dieses „shit hotel with no water" nicht mit seiner Anwesenheit zu beehren. Wir lassen ihn ziehen, ohne ihn über seinen Irrtum aufzuklären, dass nicht nur dieses „shit hotel" kein Wasser hat.

Ich beziehe ein sehr schönes Zimmer, in dem mich Köbi bereits erwartet, welche Freude, und stelle fest, dass bei ausreichend vorhandener Bereitschaft schon mit 1.5l Wasser und einem Waschlappen durchaus eine akzeptable Katzenwäsche durchführbar ist. Diese weckt Erinnerungen an meine Kindheit, in denen es in den ersten fünf Jahren auf dem grosselterlichen Hof keine Dusche gab, nur abendliche Ganzkörperwäsche mit Waschlappen und Kernseife und ein fürchterliches Abrubbeln mit kratzenden Handtüchern... Meine Grosseltern hatten schon seit dem Ende der Fünfzigerjahre ein gekacheltes, beheizbares Bad mit Badewanne, ein rechter Luxus auf einem Bauernhof in einem kleinen hessischen Dörfchen... Diese Badewanne kam einmal in der Woche zum Einsatz, wobei aber bereits jedes erwachsene Familienmitglied sein eigenes Badewasser einlaufen liess und nicht die „Familienbrühe" benutzen musste. Meine Schwester und ich, beide im Kindergartenalter, genossen natürlich unsere gemeinsamen samstäglichen Bäder von Herzen. Daran habe ich wirklich jahrzehntelang nicht mehr gedacht... Ich habe Wasserknappheit auch während meiner Auslandssemester in Granada erlebt, als wir in den Sommermonaten nur nachts 6 Stunden lang fliessendes Wasser in Form eines schwachen Rinnsals zur Verfügung hatten, auch damals konnte die tägliche Dusche nicht als Selbstverständlichkeit verlangt werden. Wasserknappheit in den letzten beiden Sommern in unserem Pferdezuchtbetrieb zeigt ebenfalls, wo die Prioritäten liegen, wenn man 60 Grosstiere zu versorgen hat... Nach einem Marsch von 15 Kilometern nicht Duschen zu können, ist zwar nicht angenehm,

aber beileibe keine Katastrophe. Es gibt wirklich Schlimmeres, Millionen Menschen auf der Welt haben gar KEINEN Zugang zu dieser Menge sauberen Trinkwassers und zum Waschen benutzen können sie es schon mal gar nicht...Und diese Probleme werden in Zukunft nicht weniger werden!

Das Mittagessen, ein Pilgermenu aus regionalen Spezialitäten wie z.b. den berühmten gebratenen Paprikaschoten mit grobem Meersalz, deren Namensgeberin Padrón sogar ist, schmeckt ganz hervorragend. Ich erhole mich schnell wieder und habe anschliessend Energie und Lust, auf Entdeckungstour durch das Städtchen zu ziehen. Die Rezeptionistin, ganz offensichtlich sehr erleichtert darüber, dass ich die Misere des Wassermangels nicht an ihr auslasse, winkt mich zu sich und empfiehlt mir, doch in der Pilgerherberge nach der historischen Pilgerurkunde „Pedronía" zu fragen. Die „Pedronía ist selbst unter erfahrenen Pilgern kaum bekannt und nimmt Bezug auf die mittelalterliche Gepflogenheit vieler Pilger, nach dem Besuch der Grabstätte des Heiligen Jakobus in Santiago auf dem Rückweg in Padrón Halt zu machen, wo der Überlieferung zufolge das Schiff mit den sterblichen Überresten Santiagos angelandet sein soll. Ausserdem ist Padrón eine der ganz wenigen Gegenden auf der Iberischen Halbinsel, in denen der Apostel zu seinen Lebzeiten gepredigt hat und die ursprünglich als Ort der Grabstätte der sterblichen Überreste Santiagos vorgesehen gewesen sein soll. Hier atmet alles Geschichte, die Stimmung ist ganz eigenartig, fast feierlich und irgendwie erhaben.

Ich benötige für den Erhalt der „Pedronía" mindestens zwei Stempel aus Padrón selbst, erklärt mir meine Vermieterin weiter und drückt mir direkt einen in den Pilgerpass. Ich ziehe los, um die Kirche des Hl Jakobus aufzusuchen. Hier, unter dem Hochaltar, ist eines der bedeutendsten Zeugnisse jakobinischen Wirkens ausgestellt, „O padrón", der Ankerstein, an dem das Schiff aus Palestina seinerzeit vertäut gewesen sein soll. In der Kirche erhalte ich den nächsten Stempel und steige wenig später den steilen Anstieg hinauf zum Kloster „Convento do Carme", dem ersten Kloster der Barfüssigen Karmeliterinnen in Galizien. Als ich mich nach einem kurzen, stillen Rundgang an die Empfangspforte der daneben liegenden Herberge wende, winkt die hinter Glas sitzende Angestellte bereits von weitem ab und ruft mir in allen möglichen Sprachen zu, dass die Herberge geschlossen sei. „No water, no hay agua, nicht Wasser, no toilet, no ducha" . Ich weiss das bereits und möchte auch kein Zimmer, wie ich ihr erkläre, sondern die „Pedronía", die ja hier wohl ausgestellt werde. Nachdem sie gewissenhaft meinen Personalausweis und Pilgerpass überprüft hat, stellt sie mir etwas umständlich die verlangte Urkunde aus. Oft mache sie das nicht, entschuldigt sie sich, der damit verbundene Pilgerweg zurück von Santiago sei in Vergessenheit geraten, aber künftig solle diese Tradition wiederbelebt werden, gerade am 16., also in zwei Tagen, werde dazu ein Anlass vom Bürgermeister der Stadt durchgeführt. Ich werde jedoch nicht daran teilnehmen, denn wenn alles gutgeht, werde ich dann bereits in Santiago am Ziel meiner Pilgerreise angekommen sein.

Da ist sie, die erste offizielle Urkunde auf diesem anstrengenden, ganz besonderen Weg: jeden METER habe ich bis hierher zu Fuss zurückgelegt und darauf bin ich gerade richtig stolz ☺ Bestätigt wurde mir während der heutigen wunderschönen, kontemplativen, einsamen Stunden auf teils durchgeweichten, überfluteten, aber landschaftlich SEHR reizvollen Wegen, dass, wenn ich wirklich von einer Sache im Leben überzeugt bin, wenn es MEIN Weg ist, MEIN Ding, ohne anderen damit zu schaden, mich weder Starkregen noch Wind oder Sturm abhalten werden und ich mein Ziel erreichen kann!

Ich liege bereits im Bett, als gegen 21.30 Uhr die Leitungen plötzlich rauschen und offenbar der Rohrbruch repariert werden konnte. Morgen werde ich feststellen, ob die Dusche funktioniert, aber momentan interessiert es mich nicht mehr.

15.10.
👣 16.Tag: Padrón - Milladoiro (16 km), vorletzte Etappe 👣

Ja, sie funktioniert! Wozu hätte ich mich also gestern aufregen sollen? Beim spärlichen Frühstück in der vollbesetzten Cafeteria des Hotels bin ich sehr motiviert und schier versucht, in einem Anfall von Übermut meinen vernünftigen Plan, heute noch einen Zwischenstopp in Milladoiro einzulegen, über den Haufen zu schmeissen und stattdessen nach Santiago durchzulaufen.

Wäre doch machbar... Hast gut geschlafen, es ist noch trocken und soll erst am Nachmittag stark regnen... Na? Ich überlege ernsthaft...
Aber der Camino wäre nicht der Camino, wenn er nicht noch etwas mit mir vorgehabt und mich eines Besseren belehrt hätte: „Ah ja, durchlaufen willst du? Na, dann komm mal her, ich hab' da noch was für dich": erstmals überhaupt auf dem Camino spüre ich zaghaft ein dumpfes, mir aber so wohlbekanntes Stechen in der linken Hüfte und ein leichtes Kribbeln im ebenfalls linken Fuss... Das ist natürlich eine Steilvorlage für Schweini, aber den bringe ich inzwischen mit einem Blick zum Verstummen und er traut sich erst gar nicht mehr aus seiner Höhle, denn er hat wohl begriffen, dass er seine Energie sparen kann! Ich habe den ersten Fingerzeig verstanden, lasse also alles wie geplant, Köbi bleibt wie bereits gewohnt an der Rezeption zurück, wird sicher auch diesmal zuverlässig zum vorgebuchten Hotel in Milladoiro gebracht und ich starte in den Tag.

Kaum aus Padrón draussen, erwartet mich die volle Dröhnung des Caminos von seiner nicht gerade idyllischen Seite: der Weg führt direkt an der Nationalstrasse und dabei an der ungesicherten Bahntrasse weiter durch Industriegebiete und an riesigen Müllverbrennungsanlagen vorbei. Au weia! „Una de cal y otra de arena",  die spanische Version von „Zuckerbrot und Peitsche" kommt mir da in den Sinn: wie Uwe schon während unserer gemeinsamen Etappen zu Beginn des Weges nicht müde wurde zu betonen, kommt nach jedem Hoch unweigerlich ein Tief, nicht nur bezogen auf die Landschaft, sondern auch auf die Stimmung des Pilgers, so sei nun mal der Camino. Und das Hoch war eindeutig gestern...

Da gibt's nur eins: Augen (na ja, lieber nicht!), Ohren und Nase zu und schnellstmöglich durch! Nach einigen Kilometern ist die tristeste und gefährlichste Strecke zunächst einmal unbeschadet geschafft, kurz vor dem Abzweigen des Caminos weg von der Bahntrasse geniesse ich noch den vorbeibretternden Schnellzug der spanischen RENFE und nun geht es durch ausgedehnte Waldgebiete mit vom starken Regen völlig aufgeweichten und rutschigen Wegen, über Wurzeln, nasse Steine- ich merke schon, diese Etappe will erarbeitet, um nicht zu sagen ‚erkämpft' werden! Und das Wetter hält sich von Anfang an nicht an die Vorhersage: Niesel- und Starkregen wechseln sich fliegend mit Sonnenschein ab, meinem Regenponcho wird schon ganz schwindelig  vom permanenten An- und Ausziehen und die Regenhose habe ich ohnehin schon beim Start über die Laufhose gezogen. Es ist kühl, daher schwitze ich nicht unter meiner dreifachen Kluft, ich gehe zügig, aber mit Rücksicht auf das heute von Fuss und Hüfte gemorste Alarmzeichen nicht allzu schnell.

Erstmals seit dem Verlassen der Küstenlandschaft mit ihrem kargen mediterranen Bewuchs stehen hier bei Pedreda zwei gigantische Palmen am Weg, solche habe ich seit Tagen nicht mehr gesehen. Die tausendjährigen galizischen Wälder faszinieren vielmehr mit ihrem üppigen Bestand vorwiegend aus Eichen, Korkeichen, Birken, Kastanien- und angepflanzten Eukalyptusbäumen, die feuchte Luft riecht stark nach Moos und Farnen, der über allem liegende Dunst lässt die Landschaft verwunschen wirken. Im dünn besiedelten Galizien mit seinen weit auseinanderliegenden kleinen Ortschaften scheint die keltische Vergangenheit noch sehr lebendig zu sein und jederzeit erwartet man hier eine Hexe oder ein Fabelwesen aus der galizisch-keltischen Mythologie hautnah zu erleben. Dennoch empfinde ich die einsamen

Wegabschnitte durch die Wälder nie als unheimlich oder gar bedrohlich. Der Camino beschützt mich, das spüre ich ganz stark.

Und siehe da, das gestrige Stimmungs-Hoch wird nach einer Weile wirklich von einem Dämpfer abgelöst, denn erneut melden sich sowohl mein kribbelnder linker Fuss wie meine operierte linke Hüfte mit altbekannten Beschwerden, diesmal schon deutlicher als beim Frühstück, die zwar nach einer Weile wieder verschwinden werden, aber das weiss ich zu diesem Zeitpunkt ja noch nicht. Und ich habe aus den Schulterschmerzen gelernt, kleinste Anzeichen wahrzunehmen, anstatt sie zu ignorieren und somit hoffentlich Schlimmeres zu vermeiden... Und es ist wirklich nicht mehr weit bis Santiago, der Kilometerstein vorhin zeigte Km 25,720 an, das möchte ich mir keineswegs kaputtmachen, das WILL und MUSS ich schaffen. Zu Fuss! Wir, Fuss, Hüfte und Kopf führten einen von gegenseitigem Verständnis geprägten Dialog (Fuss und Hüfte: „wir haben uns auf dem ganzen Camino bisher wirklich stillgehalten, damit du ihn ohne Beschwerden laufen kannst, aber wir sind noch da und wenn du zu Hause in der Schweiz bist, suchst du einen Arzt auf und lässt das abklären". Kopf: „Einverstanden, gleich in der ersten Woche hole ich mir einen Termin, versprochen"!), der darauf hinausläuft, dass ich mir tatsächlich vornehme, nach meiner Rückkehr das Thema Wirbelsäulenstenose, Bandscheibenvorfall, Nervenreizung oder was auch immer ärztlich abklären zu lassen. Und ausserdem meine Laufgeschwindigkeit heute doch etwas zu drosseln.

Das feuchtkalte Wetter macht mir bewusst, dass ich bisher viel Glück bei der Pilgerreise hatte und meine zu Hause zuletzt doch immerhin sehr deutlich aufgetretenen Beschwerden mir auch einen dicken Strich durch meine Pläne hätten machen können... Für das bisher fast ausnahmslos trocken-warme Wetter bin ich daher auch mehr als dankbar, obwohl es sich, wie ich festgestellt habe, bei kühl-regnerischem Wetter insgesamt doch viel besser läuft und man zudem kaum auf Mitpilger trifft...

Bei Baiuca komme ich erneut an Weinanpflanzungen über Schafgehegen vorbei, diese Tiere hier scheinen die Trauben in Ruhe zu lassen. Anders als zuvor zwei Ziegen, die ich dabei beobachtet habe, wie sie sich nicht nur nach dem Blätterdach aus Weinlaub streckten, sondern gleich auch eine ganze Reihe roter Trauben gefressen haben. Hier gibt es viele kleine Bauernbetriebe, die lokale Köstlichkeiten wie Käse und Wein produzieren. Galizien ist ein Paradies für Feinschmecker, ob Meeresfrüchte, Fisch, Fleisch, Gemüse, Käse und Wein und wer hier nicht satt wird, ist wirklich selbst schuld!

Auf knapp halber Strecke zum heutigen Etappenziel tauschen sich in A Escravitude einige Pilger vor einer

Kirche darüber aus, dass es in der Sakristei einen schönen Stempel geben soll. Ich brauche ja zwei Stempel und warum nicht hier einen holen? Mit einigen anderen Mitpilgern gehe ich in das Heiligtum der Schutzpatronin von Sklaven und Zwangsarbeitern „Nuestra Señora de la Esclavitud" und betrete hinter dem üppig mit posaune- und harfespielenden Barockengeln verzierten Altarraum die Sakristei. Der verkniffen dreinschauende Kirchenmann klatscht mir wortlos einen Stempel in den Pass und schiebt mir schlechtgelaunt mit vorwurfsvollem Blick ein Kässeli hin... Oh! Das hatten wir so auch noch nicht! Erst, als mein Euro darin verschwindet, wünscht er mir einen „herzlichen" ‚buen camino'. Die Katholische Kirche sollte ihr Personal unbedingt einmal schulen, auch, aber nicht nur in Bezug auf Freundlichkeit den Mitmenschen gegenüber... In der Bar nebenan gibt's übrigens auch Stempel, wie ich feststelle, das ‚buen camino' kommt der netten Frau hinterm Tresen mit einem Lächeln über die Lippen und für meinen Euro bekomme ich hier zudem noch eine tónica mit Zitrone.

Auf einem Bänkchen ausgangs Rois, hinter hunderten flatternden Papierbändchen mit Pilgersprüchen und -wünschen treffe ich die völlig erschöpft wirkende kolumbianische Familie aus dem Hotel in Caldas wieder. Nass bis auf die Haut, in schlechten Schuhen, missgelaunt werden sie sich bis Santiago schleppen. Heute unbedingt noch ankommen, koste es, was es wolle, so lautet ihre Devise. Na denn, es sind noch ca. 15 Kilometer, ich will sie da weder bekehren noch Tipps geben und ziehe grüssend weiter.

An der nächsten Anhöhe auf dem Römerweg, wie mir das typische Pflaster zu verstehen gibt, überhole ich Max, mit dem ich am Abend zuvor unbekannterweise in unserer Pilger-Facebookgruppe gechattet habe und den ich an seinem geknüpften rosafarbigen Kopftuch erkenne. Er sieht tatsächlich genau wie sein Profilbild aus. Er hat diesen Weg auch bereits mehrfach gemacht, kennt sich aus, lässt mich das auch immer wieder wissen und keucht den Berg hinauf. Bald lasse ich ihn und seine klugen Ratschläge hinter mir, denn ich möchte meine eigenen Erfahrungen machen und meine Erkenntnisse daraus gewinnen.

Bei Teo, kurz nach dem Hinweisschild Riotinto, das ich irrtümlicherweise als „vino tinto" lese (ein Freud'scher Versprecher?) geht der Weg spürbar bergauf, viele Pilger sind unterwegs, es zieht alle nun rasch nach Santiago, eine knisternde Spannung liegt in der Luft. Es ist kurz nach halb zwei, bei meiner Rast am Vormittag trank ich nur die tónica ohne Trockenfrüchte, Banane oder Gebäck und ich habe ziemlich grossen Hunger. Ein Schild weist seit einiger Zeit auf ein Restaurant mit galizischer Hausmannskost hin, O camiño, neu eröffnet und offensichtlich auf Pilger ausgerichtet. Es muss in unmittelbarer Nähe meiner Unterkunft sein, wenn ich den Kilometerangaben Glauben schenken soll, und in spätestens einer halben Stunde müsste ich es bis dahin geschafft haben. Also durchhalten! Schwarze Wolken zeigen sich wieder am Horizont, der nächste Schutt droht heftig zu werden. Am Ortseingang von O Milladoiro, tatsächlich nur knapp 1 Kilometer entfernt von meinem Hostal, finde ich die Restaurantbar, in der mich der Besitzer Miguel herzlich begrüsst. Die Wände sind verziert mit grossflächigen Zeichnungen der verschiedenen Jakobswege, was sehr sympathisch auf mich wirkt. Am Tresen sitzen zwei Einheimische bei einer

Schinkentapa, die mir sofort ins Auge sticht. Beste Qualität, pata negra, das erkenne ich von weitem!

Ich bestelle mir das Pilgermenü mit der galizischen Gemüsesuppe, einer Tortilla und vorab eine Tapa mit meinem Lieblingsschinken und einigen Scheiben Landbrot. Schnell komme ich mit dem Besitzerehepaar und den wenigen Gästen ins Gespräch. Miguel möchte wissen, woher ich komme, wie lange ich bereits unterwegs sei, die üblichen Caminofragen und –antworten eben.

Allmählich finden sich auch weitere Pilger ein, ein Paar aus Taiwan sowie mehrere Deutsche, und Miguel bittet mich bei den Bestellungen um sprachliche Unterstützung. Englisch ist nicht seine Stärke, die liegt eindeutig im Kochen, das Menü war nämlich hervorragend. Zum Dank für meine Übersetzungsdienste lädt er mich zu Dessert und Café ein und es gibt einen selbstangesetzten Digestiv des Hauses. Ich bleibe noch ein Weilchen sitzen, mein Weg ins Hotel ist nicht mehr weit, es ist erst 15 Uhr, ich geniesse die lockere Atmosphäre und die Gespräche mit Miguel und seiner Frau Berta über den Tresen.

Bevor der angekündigte Starkregen einsetzt, mache ich mich nun doch gegen 16.00h auf den kurzen Weg zum Hostal, die letzten 200 Meter lege ich jedoch bereits im Nieselregen zurück, der rasch stärker wird. Galizien ist bekannt für seine häufigen und starken Regenfälle und ich erahne allmählich den Grund.

Im Hotel Payro werde ich sehr freundlich empfangen, allerdings schrillen bei mir die Alarmglocken, als ich feststelle, dass die freundliche Empfangsdame im Mantel an der Rezeption sitzt. Das weckt feucht-kalte Erinnerungen an O Porriño, denn das hatten wir doch schon einmal…?!? Köbi ist bereits auf mein reserviertes Zimmer gebracht worden, das allerdings zwei schmale Einzelbetten anstatt des gebuchten grossen Bettes bietet. Ich frage höflich nach, ob es denn nicht doch möglich sei, mir ein Zimmer mit „cama grande" zu geben, ich sei müde und würde mich so gerne ausstrecken können, ohne befürchten zu müssen, nachts aus dem schmalen Bettchen zu fallen. Oh, man habe mir dieses Zimmer nach vorne hinaus wegen der Aussicht reserviert, aber das Hotel sei nicht ausgebucht und ein Wechsel ins Zimmer nebenan problemlos möglich. O Milladoiro ist eine gesichtslose Satellitenvorstadt kurz vor Santiago und besteht, soweit ich das beim Durchlaufen vorhin feststellen konnte, eh nur aus Hochhäusern und hundertfach identisch wirkenden Wohn- und Bürosilos, es spielt wirklich überhaupt keine Rolle, ob ich auf 6-stöckige Gebäude aus Beton und Glas oder auf 7-stöckige Bauten aus Glas und Beton schaue. Zudem bildet der inzwischen bereits heftig trommelnde Regen ohnehin eine undurchsichtige Wand zwischen mir und der Aussenwelt. Ich bevorzuge das grosse Bett anstelle der besonderen Aussicht. Meiner Bitte wird auch sofort entsprochen und ich ziehe ins sehr kalte Zimmer nach nebenan. Das übliche Prozedere: heisse Dusche, Kleider zum Trocken aufhängen, mit dem Föhn bearbeiten und hoffen, dass bis Morgen alles einigermassen getrocknet ist. Aber halt, diesmal ist es mir egal, ob die heutigen Laufsachen richtig trocken werden, denn ich habe ja noch einen Satz Klamotten für morgen und diese hier kann ich im Hotel in Santiago notfalls auch in eine Wäscherei geben, ich werde dort ja 3 Nächte bleiben.

Also schlüpfe ich nach der heissen Dusche in mein langärmeliges Freizeitoutfit aus Pontevedra und beschliesse, in der Hotelbar einen Tee oder Kaffee zu trinken und den all-in-one Hotelmanager/Barbetreiber/Rezeptionisten auf die höchstens einstellige Raumtemperatur anzusprechen. Im Gegensatz zu der pampigen

Vermieterin in O Porriño versichert dieser mir, die Heizung setze automatisch um 18.00h ein, alle Zimmer würden inzwischen in den Abendstunden eine Zeitlang beheizt, denn dieser Herbst sei einer der kühleren der letzten Jahre, in denen tatsächlich auch in seinem Hotel ein Heizbetrieb vor Anfang November nicht erforderlich gewesen sei. Schön zu hören, ich bin gespannt.

Zunächst aber bringt er mir einen café con leche und ich komme mit den schwedischen Mitpilgern am Nebentisch sowie mit einer Deutschen ins Gespräch. Wir alle sind erschöpft, aber gleichzeitig auch aufgekratzt und sehr gespannt auf das, was uns morgen erwartet: das Ankommen an der Kathedrale von Santiago... Wir tauschen uns über unsere Camino-Erfahrungen aus und ich stelle wieder einmal fest, wie problemlos und unkompliziert ich bisher unterwegs war, dass ich jederzeit meine Wünsche und Bedürfnisse äussern konnte und bin froh, die Landessprache fliessend zu beherrschen. Ich kann mir kaum vorstellen, eine mehrere hundert Kilometer umfassende Reise allein und zu Fuss in einem mir unbekannten Land zu unternehmen, dessen Sprache ich wirklich überhaupt nicht verstehe... Mir würde der spontane, direkte Kontakt zu den Einheimischen einfach fehlen, denn nur so konnte ich tatsächlich eintauchen in die Atmosphäre einer Region, einer Ortschaft, einer Kultur. Wie vieles von dem, was ich buchstäblich im Vorbeigehen aufgeschnappt und mitbekommen habe, wäre mir entgangen, hätte ich die Sprache nicht verstanden? Wie viele berührende Begegnungen hätte ich nicht erlebt ohne den direkten Austausch mit den Einheimischen? Das Pilgererlebnis wäre nur halb so intensiv gewesen, es wäre mir vermutlich wie ein Stochern im Nebel vorgekommen und hätte mir nicht ansatzweise den Zugang zu dieser mir bis dato unbekannten Region –und ihren Bewohnern- ermöglicht, die ich nun viel besser zu verstehen glaube, nachdem ich sie regelrecht im Schweisse meines Angesichts und mit schmerzenden Füssen, mit offenen Augen und Ohren und manchmal am liebsten mit zugehaltener Nase erkundet und mich dabei ganz bewusst selbst erfahren habe.

Die Hotelbar füllt sich allmählich, zahlreiche Mitpilger haben genau wie ich beschlossen, knapp 10 Kilometer vor Santiago noch einmal einen Stopp einzulegen und morgen entspannt und ausgeruht die letzte Etappe in Angriff zu nehmen. Ob ich diese verbleibende Strecke mit Köbi zusammen laufen soll? Wäre das nicht so etwas wie das „Tüpfi ufem I", das I-Tüpfelchen einer bisher ohne Zwischenfälle und Unannehmlichkeiten verlaufenen Pilgerreise? Meine Schulter sollte es aushalten, es sind ja nicht einmal 10 Kilometer, also nur etwa zwei Stunden... Ich überlege, entscheide mich aber wegen des für Morgen angekündigten stürmischen Regenwetters dagegen, denn selbst wenn ich anschliessend die letzten drei Nächte in ein und demselben Hotel verbringen und meine nassen Laufsachen dort irgendwie trocknen werde, so bin ich dennoch nicht erpicht darauf, am letzten Lauftag meine bisher verschont gebliebenen Utensilien und Köbi selbst noch dazu komplett nass werden zu lassen. Also nochmals wie gehabt: Tui Trans zum Letzten und nur kleines Tagesgepäck für den verbleibenden Abschnitt packen.

Ich verabschiede mich mit dem Wunsch für einen guten morgigen Weg von den Mitpilgern, nachdem ich mir ein Sandwich und eine Flasche Wasser an der Bar besorgt habe und ziehe mich zurück. Diese letzten Stunden vor dem grossen Tag möchte ich in Ruhe und alleine verbringen. Das Zimmer ist tatsächlich angenehm warm geworden, ich drapiere meine Sachen über den langen Heizkörpern und muss sie nach einer knappen Stunde schleunigst wieder entfernen, sie sind schon knochentrocken, denn die Heizung macht ihrem Namen alle Ehre und heizt wirklich mit voller Kraft! Zum besseren

Schlafen muss ich sogar das Fenster öffnen und höre dem prasselnden Regen eine Weile zu.

Die letzte Nacht also. Unglaublich, wie schnell doch die Zeit vergangen ist, wie viele Schritte ich gemacht, wie viele Kilometer ich bisher zurückgelegt habe. Ich bin nun doch etwas aufgeregt und gespannt auf das, was mich morgen erwartet. Wie wird es sein? Hunderte Mitpilger gleichzeitig vor der Kathedrale? Grosses Geschrei und Gedöns um mich herum? Emotionale Szenen? Ich werde mich überraschen lassen und erwarte nichts Bestimmtes. Nun aber erst einmal überhaupt einschlafen können, das ist heute nicht so einfach wie an anderen Abenden, doch irgendwann scheint es tatsächlich geklappt zu haben...

16.10.
17. Tag: Milladoiro – Santiago de Compostela (10 km) angekommen!!!

Im Frühstücksraum herrscht heute bereits um 8 Uhr morgens Hochbetrieb, ein Sprachenwirrwarr, es summt wie in einem Bienenstock, alle wollen nun schnell das Ziel ihrer Reise erreichen und der Angestellte ist völlig überfordert. Er hat den Überblick inzwischen verloren, bringt irgendetwas an irgendwelche Tische und lässt die bestellten Toasts anbrennen. Ruhig, sage ich mir, egal. Ich warte noch 5 Minuten länger auf mein karges Frühstück und diesmal schafft er es, dem warmen Brot einen goldgelben Farbton zu verpassen, ein winziges Stückchen Butter und eine kleine abgepackte Marmelade bringt er ebenfalls, dazu Tee und künstlicher Orangensaft, na ja, das muss gehen, schliesslich ist in Santiago die Auswahl am kulinarischen Köstlichkeiten nachher riesengross, soviel ist sicher. Das Frühstück nimmt folglich auch nur wenig Zeit in Anspruch, ich stelle Köbi an der Rezeption zu vielen anderen Gepäckstücken und trete gegen halb neun vor die Tür des Hotels. Eine starke Windböe erfasst mich, bläht meinen Regenponcho auf und bläst mir den starken Regen ins Gesicht. Hoppla, das kann ja heiter werden!

In Milladoiro geht es nach wenigen hundert Metern direkt für einen kurzen Abschnitt in den Wald, die Bäume biegen sich im Sturm, der Regen setzt noch einmal einen drauf und ich habe das Gefühl, als sollte ich nochmals wirklich hinterfragen, ob es tatsächlich meine Absicht sei, diesen Weg so zu Ende zu laufen oder nicht doch lieber auf ein Verkehrsmittel auszuweichen, das mich sicher und rasch nach Santiago bringen würde. Nein, auf keinen Fall, ich werde jetzt, auf den letzten wenigen Kilometern, sicher nicht kneifen!

Aber gut, dass ich Köbi abgegeben habe, ich hätte dem Wind mit einem Rucksack auf dem Rücken noch mehr Widerstand geboten und ein Vorwärtskommen wäre noch mühsamer gewesen.

Fotos von unterwegs mache ich diesmal nicht, es ist zu umständlich, das Handy jeweils aus der Tasche unter Regenjacke und Poncho hervorzukramen, zu nass, der Regen kommt waagrecht und die Motive sind die einer Satellitenstadt direkt vor einer Grossstadt, dicht besiedelte Vororte, Autobahnen und stark befahrene Strassen, die auf Fussgängerbrücken zu über- oder unterqueren sind, wie nicht anders erwartet so unmittelbar vor Santiago. Schön ist anders und hieran ändert auch das berühmte Auge des Betrachters nicht viel.

Diese letzte Etappe verlangt mir nochmals ALLES ab, es ist Herausforderung PUR- und wie ich nun meinen Camino schon kenne und noch heute Morgen eingeschätzt habe, erstaunt es mich auch nicht: auch im Leben ist ja -zumeist bei der Mehrheit der Menschen- der letzte Abschnitt der beschwerlichste und mühsamste, viele von uns haben in den letzten Lebensjahren mit kleineren und grösseren Schwierigkeiten oder auch schlimmen Gebrechen umzugehen. Die heutigen Schwierigkeiten sind der sofort nach meinem Aufbruch einsetzende starke Regen und dazu der heftige Wind.

Es sind nur sehr wenige Pilger unterwegs, ich staune, frage mich, wo die alle hin verschwunden sind, denn allein in der Frühstücksbar meines Hotels waren ja mindestens 30 andere Mitpilger zugange...?

Es ist bemerkenswert zu sehen, wie jeder, der in diesem Wetter aus welchen Gründen auch immer unterwegs ist, mit seinen eigenen Mitteln und Möglichkeiten gegen die Widrigkeiten kämpft und versucht, das Beste daraus zu machen. Da sieht man voll Vermummte, andere kämpfen schimpfend oder gar fluchend, aber dennoch hilflos mit zerknautschten Schirmen gegen Wind und Regen und wieder andere marschieren unverdrossen und tropfnass ohne einen Regenschutz ihres Weges entlang.

Immer wieder bestätigt es sich: jeder geht seinen Weg, in seinen Schuhen, mit seinem Gepäck und in seiner Geschwindigkeit! Es gibt kein ‚richtig' oder ‚falsch'!

Trotz des grauenhaften Wetters bin ich zügig unterwegs, komme kurz nach 10 Uhr am Aussenbezirk von Santiago an und hole mir in einer Bar an einer Kreuzung zunächst einmal den obligatorischen Stempel, schliesslich möchte ich nicht wegen eines vergessenen Stempels am letzten Tag die Compostela verpassen! Hier muss ich zudem nach dem Weg bzw. der Grobrichtung rechts oder links fragen, denn ich habe seit einer Weile keine gelben Pfeile mehr gesehen und die Kathedrale ist noch nicht ausgeschildert.

Aber um 10.45h ist es tatsächlich so weit: am Ende einer Strasse hinter den davorliegenden Gebäuden erhasche ich einen ersten Blick auf die Türme der Kathedrale von Santiago! Wow! Mein Herz klopft heftig! Nun strömen auch von mehreren Seitenstrassen andere Pilger, einzeln, zu zweit und in grösseren Gruppen in ihrer bunten Regenkleidung herbei, still die einen, weinend die anderen und manche auch schnatternd laut. Um 10.49h betrete ich klatschnass, aber überwältigt und sehr berührt den grossen Vorplatz der Kathedrale. Ich bin da! Ich habe die komplette Stecke zu Fuss gemeistert, ich kann es kaum glauben. Welch' ein Ding! Der nach wie vor strömende Regen kann das Gefühl der Erleichterung, der Freude, des Glücks und auch der Erschöpfung nicht schmälern:

JA! ICH HABE ES GESCHAFFFT!

Die beindruckende Praza do Obradoiro, der riesige Vorplatz vor der Kathedrale, ist bereits um diese Zeit zu einem Viertel mit triefend nassen Pilgern gefüllt, machen liegen auf dem nassen Boden, andere halten sich an den Händen und tanzen im Regen, die Stimmung ist gelöst, fröhlich, laut und bunt. Einige wenige stehen auch still abseits, ich sehe Tränen und höre Gebete… Ich selbst fühle mich gerade ganz leer, stehe ergriffen der Kathedrale zugewandt und lasse den Regen an mir herunterlaufen, kann noch nicht einordnen, was dieser Moment gerade mit mir macht. Eine tiefe Dankbarkeit überkommt mich nun. Ja, das ist das intensivste Gefühl in diesem Moment des Angekommen–Seins: ich bin zutiefst dankbar dafür, dass mein Weg so gut verlaufen ist, dass ich gesund und unversehrt geblieben bin, dass ich durchgehalten habe, dass ich den Weg fast durchgehend alleine gelaufen bin, dass ich gute Begegnungen, Gespräche und Gedanken hatte und dass ich angekommen bin – in Santiago und bei mir selbst!

Die ersten Minuten verbringe ich auch so, ganz still, einfach nur die Tatsache auf mich wirkend lassend, dass ich hier stehe, vor diesem gewaltigen Kirchengebäude, das zwar beidseitig von Baukränen umrahmt ist, die aber weder der Erhabenheit der Kathedrale noch meinen Gefühlen den geringsten Abbruch tun.

Ich erwache aus meiner Nachdenklichkeit und nach drei Selfies bitte auch ich eine Pilgerin, doch ein Ganzkörperfoto mit der Kathedrale im Hintergrund von mir zumachen, das darf jetzt auch mal sein!

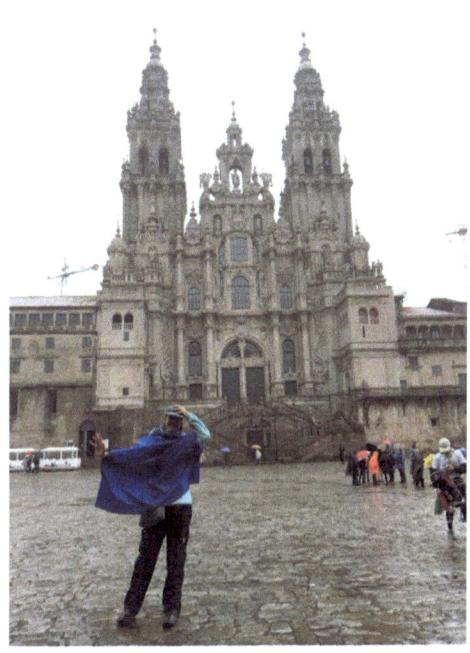

Bevor aber die nun ankommenden Busse ihre Pilgerladungen auskippen können, erfrage ich rasch den Weg ins nahegelegene Pilgerbüro, um dort nach der Ziehung einer Wartenummer auf die Ausstellung meiner Compostela zu warten. Das gibt es doch nicht: 0330, die „3" ist unsere Familienglückszahl und die habe ich gleich zweimal auf dem Papier! Wie schön! Ich kann mich während der Wartezeit etwas aufwärmen und meine trotz Kappe, Regenjacken- und Ponchokapuze tropfnassen Haare ansatzweise unter dem Wandföhn der Damentoilette trocknen. Die Wartezeit inmitten der anderen Pilger vergeht sehr rasch, denn die Warteschlange ist um diese Zeit noch nicht sehr lang, und nach weniger als einer Stunde halte ich sie in den Händen: meine Pilgerurkunde, meine compostela, die ich mir redlich erlaufen habe! Ich bin stolz auf meine Leistung und freue mich einfach riesig!

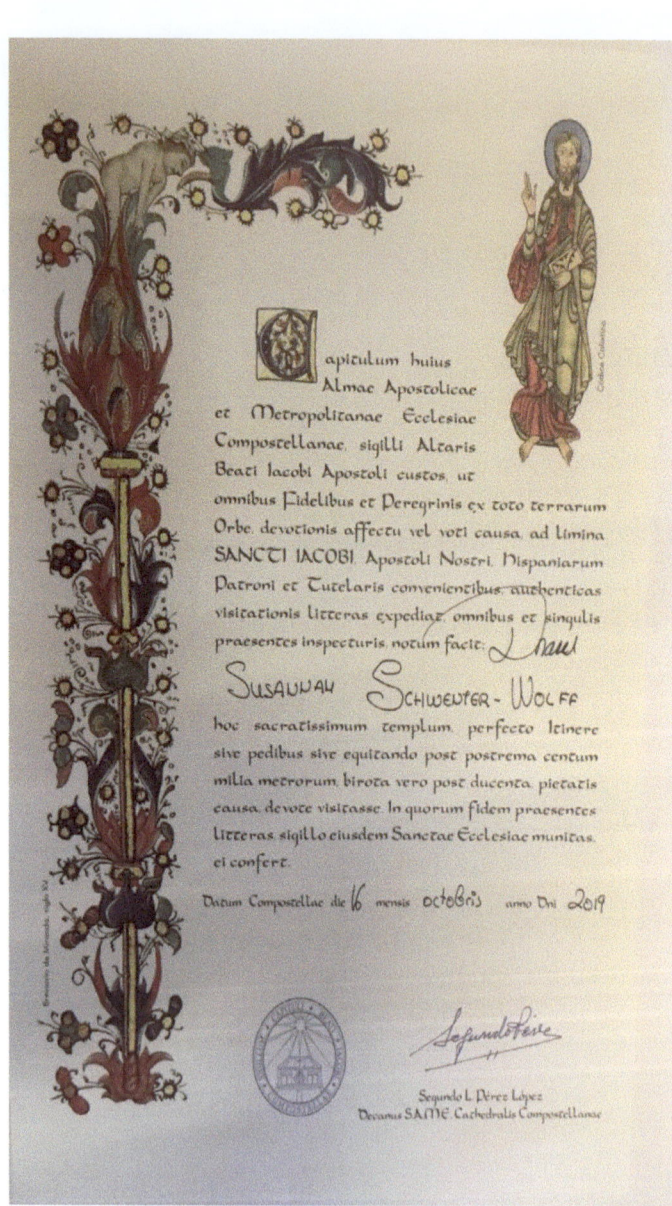

Nun stellt sich mir die Frage, ob ich zunächst das Grab des Apostels in der Kathedrale aufsuchen oder mein nicht weit entfernt in der Altstadt gelegenes Hotel ausfindig machen soll, dort eine Dusche nehmen, in trockene Kleider schlüpfen, um dann einigermassen erfrischt wieder auf Tour zu gehen? Ich entscheide mich für das Hotel, muss aber leider erfahren, dass das Zimmer jetzt, um 12.30h noch nicht bezugsfertig ist. Mein Köbi ist aber glücklicherweise bereits angekommen, so nehme ich mir wenigstens ein trockenes T-Shirt heraus und ich bitte die Rezeptionistin um einen Föhn, damit ich mir in der Gästetoilette die Haare komplett trocknen kann. Es ist kühl in Santiago und ich habe einfach keine Lust auf eine Erkältung nach all den Strapazen!

Die Wartezeit bis zum Zimmerbezug verbringe ich halbwegs hergerichtet in der kleinen Weinbar „Casa Pepe" direkt nebenan bei einer ausgezeichneten Tapa und galizischem Rotwein. Zur Feier des Tages genehmige ich mir sogar einen weiteren während des Essens. Ich schwebe und das hat nicht nur mit dem köstlichen Landwein zu tun.

Ja, ich schwebe tatsächlich wie auf Wolken und kann recht gut über die kleinen Unzulänglichkeiten hinwegsehen, die mir im Hotel nun begegnen, sei es der verzögerte Zimmerbezug oder der nicht funktionierende Kühlschrank, es ist wirklich einfach nicht wichtig und es hängt nichts davon ab. Ich hoffe sehr, dass ich diese Gelassenheit nach meiner Rückkehr auch in meinen Alltag hinüberretten kann, den Dingen nicht mehr Bedeutung beimessen werde, als sie verdienen und mich nicht über Gegebenheiten aufrege, die dies einfach nicht wert sind, ich habe es ja hier auch können.

Nach dem Duschen drapiere ich meine völlig durchnässten Kleider überall im schönen grossen Zimmer herum und drehe die Klimaanlage auf „Heizen", was diese auch tatsächlich tut. Nun werde ich im nach wie vor heftigen Regen zurück zur Kathedrale laufen, mich abends dann, so haben wir das unterwegs vereinbart und nach dem Ankommen durch diverse Chats bestätigt, mit meinen früheren Wegbegleitern Uwe und Petra in einem Pilgerrestaurant nicht weit von hier treffen, um das Ende unserer jeweiligen Caminos zu feiern...

Ich muss eingeschlafen sein, denn als mein Telefon piepst, ist es bereits früher Abend... Oh je, aber was soll's, den Schlaf hatte ich anscheinend nötig, die Eindrücke waren intensiv, das Laufen im Regen gegen den heftigen Wind hat mich körperlich nochmals richtig gefordert und verpasst habe ich ja nichts. Die Kathedrale steht auch morgen noch an ihrem Platz und ich bin schliesslich ja die nächsten beiden Tage hier, bevor am Samstagmorgen mein Flieger zurück nach Genf geht!

Mit Uwe treffe ich mich vorab in der „Casa Pepe", das Wiedersehen ist sehr herzlich, die Freude ist gross und echt. Wir haben einander viel zu erzählen und begleiten die Schilderung der Erlebnisse mit einem Glas guten galizischen Rotweins. Gemeinsam suchen wir das Pilgerrestaurant auf und welche Überraschung, viele Mitpilger von unterwegs sind ebenfalls dort, es wird ein fröhlich-lautes „Hallo", alle reden, wie es bei solchen Gelegenheiten ja meistens vorkommt, kreuz und quer durcheinander und keiner hört zu...

Es ist ein schöner, lauter, fröhlicher Abend, wir sind alle glücklich, unseren Weg gemeistert, die unterschiedlichen Herausforderungen bestanden und unser aller Ziel heil und gesund erreicht zu haben.

Die galizischen Spezialitäten in dem von Uwe ausgewählten Pilgerrestaurant sind von bester Qualität, grosse Portionen, jeder teilt mit jedem, wie das hier einfach üblich und selbstverständlich ist, und wir sparen nicht mit einem Lob an die Küche.

Irgendwann geht auch der schönste Abend zu Ende, Petra bekräftigt noch einmal die Einladung an Uwe und mich zu einem Champagnerbrunch am nächsten Morgen anlässlich ihres 60. Geburtstags, Uwe wird uns zuvor eine kleine Führung durch Santiago angedeihen lassen und ich gehe die wenigen Schritte durch die engen Gassen zu meinem Hotel zurück, auch diesmal im nicht nachlassen wollenden galizischen Dauerregen...

17.10.
👣👣👣 Santiago de Compostela, Camino-Nachlese

Geburtstagskind Petra, Uwe und ich treffen uns am späten Vormittag an Kilometer Null auf der Praza do Obradoiro vor der Kathedrale, also dort, wo alle Pilgerwege enden und oh, Wunder, im Sonnenschein! Wie anders sieht die Welt doch aus, wenn sie von oben beschienen wird! Die im Dauerregen so bedrückend auf mich wirkenden dicken Mauern der mittelalterlichen Gebäude der Altstadt strahlen nun etwas Beruhigendes, Beständiges aus und ich stelle mir vor, wie viele Pilger in den vergangenen Jahrhunderten diesen Weg auf sich genommen haben, unter welchen Mühen und Erschwernissen sie ihn gegangen sind, kaum vergleichbar mit unseren heutigen Möglichkeiten, und ich fühle mich dieser einzigartigen Pilgergemeinschaft zugehörig.

Heute ist die Plaza sehr voll. Uwe macht uns auf dem Weg ins Tapas-Restaurant „Petiscos do Cardenal" auf allerlei Kurioses aufmerksam, er kennt sich bestens aus, nach so vielen Caminos hat er überall seine Lieblingsplätze, Bars und Restaurants und natürlich viele Freunde und Bekannte in der Stadt. Mit den Augen eines Freundes der Stadt betrachtet sieht vieles ganz anders aus, so viel positiver und farbiger, als allein, erschöpft, im Dauerregen und mit müdem Blick wahrgenommen wird.

Wir betreten das „Petiscos do Cardenal" und mir laufen schier die Augen über angesichts der Vielzahl von sehr appetitlich präsentierten Tapas- und ich bin dann doch einiges aus Andalusien gewöhnt! WOW! Danke Uwe, das ist ja eine regelrechte Offenbarung und ein wunderschöner Rahmen, um Petras „Runden" zu feiern. Petra hat sogar für die Abholung ihrer Pilgerurkunde den heutigen Tag abgewartet, damit das Datum ihres Geburtstags darauf erscheint, verständlich, denn das hatte sie von Anfang an so geplant und sich besonders auf diesen Moment gefreut. Herzliche Glückwünsche, liebe Mitpilgerin! Auch sie hat es trotz eines erst wenige Wochen vor dem Beginn ihres Caminos operierten Fusses geschafft und es ist mitreissend, zu sehen, wie sehr sie sich über die eigene Leistung freut! Petra spendiert zur Feier des Tages eine Flasche Champagner und wir geniessen das Zusammensein und die leckeren Tapas voll und ganz...

Die Stunden vergehen bei viel Gelächter und guter Unterhaltung und da Petra bereits morgen nach Hause fliegt, möchte sie noch einige Besorgungen machen und unsere Wege trennen sich hier mit dem Versprechen, künftig miteinander in Kontakt zu bleiben. Wir haben uns in einer sehr besonderen Situation in unserem Leben kennengelernt, sehr offene und ehrliche Gespräche geführt, wir sind ein Stück des Weges miteinander gegangen und haben uns auch während der gesamten Strecke immer wieder per sms ausgetauscht und Tipps gegeben, haben einander unterstützt. Petra ist zudem die erste und einzige Zimmergenossin und Bettnachbarin meines gesamten Caminos und das verbindet.

Auch Uwe sage ich „adiós", aber vielleicht ergibt sich heute Abend oder morgen ja noch eine Gelegenheit zu einem Wiedersehen, er ist noch einige Tage in der Stadt, bevor er zu seinem nächsten Camino aufbricht, ich habe allmählich den Überblick darüber verloren, ob es sich um den 22. oder den 25. handelt, aber das ist ja auch völlig unerheblich.

Ein letztes Highlight meines Pilgerwegs steht mir nun noch bevor, das gleichzeitig seinen Schlusspunkt bilden soll: der Besuch des Grabes des Heiligen Jakobus in der Kathedrale. Von feierlicher oder gar ergriffener Stimmung kann ich bei mir allerdings leider nicht viel spüren, denn abgesehen davon, dass es hier brechend voll ist, was nicht anders zu erwarten war, ist das Innere des gewaltigen, tausendjährigen Kirchengebäudes eine einzige Baustelle! Deckenhohe Gerüste überall, die Krypta ist abgesperrt, der „Botafumeiro", das gigantische Weihrauchfass, abgehängt, es wird gehämmert, gebohrt und geklopft, um die Kathedrale für das „Año Jacobeo", das Heilige Compostelanische Jahr 2021 in neuem Glanz erstrahlen zu lassen. Ich bin sehr ernüchtert. So entscheide ich mich auch, der Statue des Apostels Jakobus nicht meine Aufwartung zu machen, denn ich bin nicht aus religiösen Gründen unterwegs gewesen und es erscheint mir falsch, nun so tun als ob. Angesichts der wartenden Pilgermassen, von denen zahlreiche Ankömmlinge heftigen Husten und Schnupfen mitgebracht haben, wäre es zudem äusserst unhygienisch, Santiago zu berühren oder gar zu küssen, wie es ganz inbrünstige Pilger auch tun. Ich zwänge mich durch Pilgermassen und suche recht bald wieder das Weite. Kontemplation und Besinnung sind hier gar nicht möglich.

Den restlichen Nachmittag verbringe ich nunmehr eher als Santiago-Touristin denn als Pilgerin und streife durch die Gassen der Altstadt, in der es bereits wieder zu regnen begonnen hat. Ich laufe gerne zu Fuss durch Städte, um diese auf mich wirken zu lassen, ihre Stimmung zu erspüren, stelle mir dabei vor, wie das Leben der Menschen zu früheren Zeiten war, welche berühmten Persönlichkeiten dort gelebt haben, welche Söhne und Töchter aus ihr hervorgegangen sind... Hier hat jedes Gebäude bereits sehr viel Patina angesetzt. Auch ich besorge einige Mitbringsel für meine Lieben zu Hause und eine grosse Tasse für meine eigene Sammlung, die in charakteristischem camino-blau-gelb gehalten und mit dem gelben Pfeil bedruckt ist. Das muss ich mir gönnen! Auf dem Weg zum Hotel geniesse ich ein leckeres leichtes Abendessen und falle früh ins Bett. Nun spüre ich die Strapazen der letzten Wochen deutlich, mein Körper verlangt sein Recht, meine Hüfte befiehlt mir eine Ruhepause, der linke Fuss kribbelt, was mich aber nicht von einem sehr langen, tiefen und erholsamen Schlaf abhalten kann.

18.10.
ꜛꜛꜛ Santiago de Compostela - letzter Tag ꜛꜛꜛ

Das self-service-Frühstück im sonst sehr schönen, nach

dem Heiligen Benedikt benannten und mit vielen Antiquitäten geschmackvoll ausgestatteten Boutiquehotel ist ein richtiger Stilbruch! Das Restaurant ist in kühlem Plastik und Edelstahl sehr nüchtern und unpersönlich gehalten, was den sonst sehr wohnlichen Eindruck des Gebäudes gewaltig stört. Soll es als besonderer Kontrast gedacht oder zum Zweck des Einsparens von Personal gedacht sein, dass sich der Gast an abgepackten Lebensmitteln selbst bedient, Automatenkaffee oder – tee dazu zapft und sich Obst und Saft aus dem Kühlschrank nimmt? Wie unpersönlich ist das denn? Gestern ist es mir nicht aufgefallen, da ja der Brunch vereinbart war und ich ohne zu frühstücken schnurstracks aus dem Hotel in die Stadt gegangen bin. Oh schade, jeder Bahnhofswarteraum ist ansprechender als das hier! Lange halte ich mich auch nicht hier auf, die Plörre ist ungeniessbar und ich beschliesse, meinen Kaffee nebenan in der „Casa Pepe" zu trinken, dort ist er nämlich hervorragend, und vermutlich wird es dazu noch einige Churros oder sonstiges Gebäck geben.

Ich komme, kaum dass ich mich auf einen Hocker an einen der hohen Tische gesetzt habe, mit einem Paar etwa meines Alters aus Barcelona ins Gespräch, Carlos und Paula, das jedoch seit Jahren in den USA lebt. Mit Paula verbinde ich mich sofort, wir docken buchstäblich aneinander an, wie zwei Hälften ein und derselben Orange (hier in Spanien ist ja die „bessere Hälfte" oder der dazugehörige Partner, der Seelenverwandte auch die „andere Hälfte der Orange"), ihr Mann ist ganz fasziniert, wie rasch, offen, natürlich und vorbehaltlos wir einander unsere Erlebnisse und Gedanken, Empfindungen und Schlussfolgerungen bezüglich unserer Caminos schildern. Seelenverwandte, ganz offensichtlich, da ist auch dieses Gefühl, sich schon ein Leben lang gut zu kennen, und wenn ihr Flugplan sie nicht irgendwann zum Aufbruch gedrängt hätte, würden wir vermutlich noch immer dort sitzen und reden. Unglaublich! Wir tauschen unsere Kontaktdaten aus und noch vor meinem Abflug am nächsten Tag werde ich eine erste sms aus Amerika erhalten, wie sich herausstellen wird...

Santiago wirkt mit seinem bleigrauen Himmel kurz vor dem nächsten Regen auch wieder sehr schwer, trutzig und alles andere als ‚leicht' auf mich, obwohl es auch eine moderne Studentenstadt voll junger Menschen und nicht nur ein altehrwürdiger Wallfahrtsort ist. Ich kann mich eines bedrückenden Gewichts auf meiner Seele nicht erwehren. Schwere Kost, und wenn's ein kulinarisches Gericht wäre, würde ich meinen, es müsse mit viel rotem ‚Traubensaft' begleitet werden, um bekömmlich zu sein, verdaut zu werden... Vielleicht liegt es doch an dem häufigen Regen, der eine zaghafte Leichtigkeit und Beschwingtheit immer wieder wegschwemmt?

Kulinarisch ist Santiago ein Mekka, das ist unbestritten, darüber hinaus werde ich jedoch nicht „warm" mit dieser Stadt, finde keinen rechten Zugang zu ihr, was durchaus auch an meiner physischen und psychischen Erschöpfung liegen kann. Nach den drei Wochen des permanenten Unterwegs-seins fühle ich mich momentan nicht mehr aufnahmefähig für Neues und da das Ziel erreicht, ein krönender Abschluss gerade erlebt worden ist, weigert sich etwas in mir, mich auf Weiteres einzulassen. Pause! Nachspüren, Verarbeiten, das ist mein Bedürfnis! Nicht noch mehr neue Eindrücke, denn meine Kapazität ist erschöpft!

Ein routinierter Pilger schrieb mir dazu in einem FB-Post, ich müsse mal im Mai/Juni herkommen, DANN sei die Stadt hell, farbig, amüsant. Nun, mir fällt zu dieser Empfehlung ein Rat ein, eine Erfahrung, die ich gemacht habe und so auch an meine Töchter weitergegeben habe (in der Hoffnung, dass dieser Rat sie in ihrem Leben weiterbringen möge): überall im Leben gibt es zwei Seiten, sei es in der Partnerschaft/Ehe, in Studium und Beruf, am Arbeitsplatz selbst, am Wohnort usw.. Wenn man mit der weniger schönen, der schwierigeren, der dunkleren, der unangenehmeren Seite aber zurechtkommt, wenn man meint, diese ertragen und damit leben zu können, ohne sich zu verbiegen, sich selbst aufzugeben, zu leiden, DANN ist es das Richtige, denn bei Sonnenschein und „Friede, Freude, Eierkuchen"-Stimmung ist ALLES erträglich! Und wer schon die negativen Seiten in Kauf nehmen kann, wird die positiven umso mehr geniessen!

Auf Fototour streife ich nun durch die engen Gassen der Altstadt, schaue mir einige Universitätsgebäude von innen an, sehe wunderschöne Innenhöfe und komme mehrmals an der Kathedrale vorbei, die eine gewaltige Faszination ausübt, keine Frage. Mein persönlicher Kilometerzähler schnurrt schon wieder, meine Füsse wollen offensichtlich doch noch weiter laufen, aber nun zur Abwechslung ohne festes Ziel. Am Franziskanerkloster setze ich mich kurz auf die Stufen, ein Loch ist in der Wolkendecke aufgerissen und die Sonne bescheint das Portal. Der Sonnenschein ist aber nicht von Dauer und ich muss zusehen, dass ich vor dem bald einsetzenden Regen ins Trockene komme, flüchte deshalb in ein Café-Restaurant, wo ich mit einfachsten Mitteln kulinarisch noch einmal so richtig verwöhnt werde.

Auf dem Rückweg ins Hotel habe ich jedoch nicht so viel Glück bzw. ich verschätze mich und der nächste Guss setzt schneller ein als ich dachte. Anfängerfehler: ich hätte es doch inzwischen wissen müssen, aber ich habe meinen Regenponcho heute im Hotel zurückgelassen und werde zum Abschied jetzt so richtig nass!

Kein Beinbruch, ich gehe, jeden Schritt bewusst geniessend, im strömenden Regen gemütlich weiter und komme wenige Minuten später ins Hotel. Die Rezeptionistin verzieht ihr Gesicht zu einem bedauernden Lächeln, doch ich beruhige sie: da ich ja diesmal nicht stundenlang auf den Zimmerbezug warten muss, kann ich gleich unter die heisse Dusche gehen und meine Kleider im geheizten Zimmer trocknen lassen. Für den Rückflug bzw. die Heimkehr in die bereits sehr kühle Schweizer Berglandschaft und habe ich eh noch ein Funktions-Ski-Shirt im Rucksack, das ich während des Caminos noch gar nicht getragen habe.

Während die durchnässten Klamotten nun letztmals vor sich hin trocknen, mache ich hier einmal den Versuch einer ‚statistischen' Nachlese:

während der insgesamt zu Fuss bis hierher und heute zurückgelegten 320 km hatte ich ausser meiner von mir selbst zu verantwortenden überbeanspruchten rechten Schulter
- nicht eine einzige Blase, keinen Krampf, keinerlei Blessur, kein Kopfweh, kein Bauchweh, keinen Durchfall- NADA!
- bin ich nicht bedrängt, überfallen, ausgeraubt oder in irgendeiner Weise dumm angemacht worden
trotz vieler einsamer Strecken und Kilometer kann ich
- weder die Schauergeschichten über Bettwanzen, Exhibitionisten noch über wilde, den Pilgern nachlaufende Hunde bestätigen
- fand sich immer rechtzeitig ein sauberes WC (ein einziges Mal musste es halt auch ein Gebüsch sein...)
- und falls die Wasserflasche oder der Proviant einmal auszugehen drohten, gab's immer eine Bar, Cafeteria oder einen mobilen „Pilgerengel" an strategisch wichtigen Punkten

Ich wurde von Freunden und Bekannten nach meiner Ankunft in Santiago nun verschiedentlich gefragt, ob ich diesen Camino nochmals laufen würde. Meine Antwort lautet ganz klar: NEIN, DIESEN Camino werde ich nicht mehr laufen. Warum nicht? Nun, ganz einfach: weil ich nun weiss, was mich erwartet und ich bin NICHT sicher, ob ich nochmals die Kraft und die Energie aufbringen würde, all DIESE Herausforderungen zu bestehen. Es war kein Spaziergang, auch keine Genusswanderung, nein, wirklich nicht, es war Pilgern!

Ich strapaziere hier auch zum Abschluss nochmals mein viel zitiertes Beispiel: der Camino widerspiegelt das Leben selbst. Ist es nicht wohlweislich so eingerichtet, dass niemand VORHER weiss, welche Aufgaben ihm im Leben gestellt werden, welche Hürden es zu überwinden gilt, welche Lasten zu tragen sind und welche Freuden genossen werden dürfen? Wüssten wir alles vorher, wären häufig angesichts der uns zu gross, zu steil, zu unüberwindbar erscheinenden Berge unsere Angst, Mutlosigkeit, Unsicherheit und Selbstzweifel viel zu stark, um den Weg überhaupt anzutreten... So aber haben wir die Chance, mit und an unseren Aufgaben zu wachsen!

Ganz praktikabel hat sich für mich der häufig gehörte und anderen auch schon selbst erteilte Rat erwiesen: wenn das Ziel unerreichbar erscheint, unterteile es in DIR machbar erscheinende Etappenziele! Dann erreichst du irgendwann das Ziel und die Freude darüber, etwas dir zunächst unmöglich erscheinendes GROSSES tatsächlich geschafft zu haben, ist unbeschreiblich!

Ja, der Camino verändert einen, macht einen stärker, auch das stimmt... Und er lässt längst verschollen und verloren Geglaubtes wieder auftauchen. Es ist ein berührendes Gefühl, das mit Selbstliebe und -wertschätzung einhergeht, sich selbst wiedergefunden zu haben, es motiviert und gibt Kraft für die nächsten Schritte.

Ich bin nicht jemand, der einmal Errungenes immerzu wiederholen muss/möchte, doch es gibt noch sehr viele andere Caminos, nicht nur solche, die direkt nach Santiago führen und wer weiss, vielleicht mache ich mich irgendwann einmal wieder auf den Weg... 👣

Für mich passt hier der auf dem Camino ebenso wie auf meinem Lebensweg und sogar anlässlich unserer Hochzeit 1997 ausgewählte Spruch von Hermann Hesse „‚Und jedem Anfang liegt ein Zauber inne, der uns beschützt und der uns hilft, zu leben..."

Also: traut Euch, Ihr Lieben, Euren Camino, Euren eigenen Weg zu gehen, es kann nicht viel schiefgehen!

Das war's von meiner Pilgertour auf dem Camino Portgués, der „Senda do Litoral", morgen geht's nach Hause und egal ob Regen, Schnee, Kälte oder Sonnenschein: ich FREUE mich sehr darauf!

👣 👣 👣

Epilog

Dankbarkeit ist ein Gefühl, das ich oft auf meinem Camino gespürt habe. Und auch an dieser Stelle möchte ich es noch einmal nachdrücklich zum Ausdruck bringen:

DANKE sage ich vor allem meiner Familie, d.h. meinem Mann Urs und unseren Töchtern Julia und Jasmin, die es mir ermöglicht haben, mich bereits während des ganzen Jahres bei den Lauftrainings zur Vorbereitung sowie während des Caminos selbst drei Wochen lang aus meinem Alltag und meinen Aufgaben in Familie und Betrieb auszuklinken, indem sie meinen Part in der Zeit mit übernommen sowie mich unterstützt und bestärkt haben, „mein Ding" zu machen! Ohne Eure praktische, aber auch moralische Unterstützung während des Caminos hätte ich ihn nicht laufen können.

Ich danke auch Euch, meinen Freunden im richtigen Leben ebenso wie denen auf FB, die Ihr mich auf diesem Abenteuer virtuell begleitet und mir gute Wünsche und Gedanken, Kommentare und Nachrichten geschickt habt. Ich habe mich unterstützt und ermutigt, motiviert und getragen gefühlt, gerade, wenn es auch mal nicht so geschmeidig lief und eher „harzte".

Auch hier sehe ich die Parallele zum Leben schlechthin: mitfühlen, begleiten, unterstützen ist gut und wichtig, GEHEN muss aber jeder seinen Weg allein...

👣 Euch allen ein herzenswarmes ‚buen camino' auf EUREM persönlichen Weg ♥ 👣